Vera Tomsche

Meine hungernde Seele

Veras Körper ist ihr Feind,
denn sie hat nur ein Ziel: schlank
zu werden.

W0192770

BASTEI
LÜBBE

BASTEI LÜBBE TASCHENBUCH
Band 61504

Vollständige Taschenbuchausgabe

Bastei Lübbe Taschenbücher ist ein Imprint
der Verlagsgruppe Lübbe

Originalausgabe
© 1997 by Verlagsgruppe Lübbe GmbH & Co. KG,
Bergisch Gladbach
Textbearbeitung: Sabine Eichhorst, Hamburg
Umschlaggestaltung: Jan Kullowatz
Titelbild: Mechthild Op Gen Oorth, Köln
Satz: hanseatenSatz-bremen, Bremen
Druck und Verarbeitung: Ebner & Spiegel, Ulm
Printed in Germany, Mai 2002
ISBN 3-404-61504-2

Sie finden uns im Internet unter
http://www.luebbe.de

Inhalt

Vorwort

Viele Frauen haben ein Problem mit ihrer Figur. Von allen Seiten wird ihnen eingeredet, sie seien zu dick. Sie versuchen, weniger zu essen, machen eine erste Diät, später eine zweite und dann die dritte. Vielleicht nehmen sie ab, vielleicht ist die Mühe auch umsonst. Auf jeden Fall lernt der Körper bald, mit dem Wenigen, das ihm gegönnt wird, hauszuhalten und läuft nur noch auf Sparflamme. Und eines Tages schauen diese Frauen in den Spiegel und sehen sich so, wie sie vor der Hungerkur waren: zu dick.

Manche Frauen beschäftigen sich intensiver als andere mit ihrer Figur, ihrer Ernährung und ihrem Eßverhalten. Ihre Gedanken und ihre gesamte Aufmerksamkeit drehen sich ums Essen und Hungern, ums Ab- und Zunehmen. Eßstörungen gelten als die modernen Frauenkrankheiten. Wenn auch die Krankheitsbilder nicht neu sind – die Zahl der Frauen mit Eßstörungen wächst ständig. Die Symptome sind unterschiedlich:

Die Magersucht *(Anorexie)* ist eine sehr auffällige Eßstörung: Magersüchtige leugnen ihren Hunger und verweigern die Nahrung, so daß sie sichtbar abmagern; teilweise wird die Auszehrung lebensbedrohlich.

Der Magersucht diametral gegenüber steht die Fettsucht *(Adipositas)*: Fettsüchtige Frauen essen viel und wiegen viel, teilweise überschreiten sie ihr Idealgewicht um 25 Prozent. Nur durch heroische Anstrengungen gelingt es ihnen, Fett abzubauen.

Noch anders verhält es sich mit der Eßsucht, der *Bulimie*. Die betroffenen Frauen leiden unter Heißhungeranfällen, wobei sie enorme Mengen an Lebensmitteln verschlingen. Gleichzeitig sind sie bemüht, abzunehmen bzw. ihr Gewicht zu halten, weshalb sie immer wieder Diät leben oder hungern, exzessiv Sport treiben, Abführmittel nehmen und das Gegessene willentlich erbrechen. Dabei sind es in der Regel nur die Bulimikerinnen selbst, die ihren Körper als »zu fett« empfinden. Die Selbstwahrnehmung dieser Frauen ist verzerrt. Ihr Gewicht entspricht oft dem sogenannten Normalwert oder weicht nur geringfügig davon ab.

Etwa 300.000 Frauen in der Bundesrepublik Deutschland leiden unter Bulimie, schätzen derzeit Mediziner und Therapeuten. Weil die Betroffenen meist peinlich darauf achten, ihren unfaßbaren Hunger vor der Umwelt zu verbergen, liegt die Dunkelziffer um ein Vielfaches höher.

Wenn ich heute auf die Geschichte meiner Eßstörung zurückblicke, staune ich darüber, wie lange ich in diesem Netz aus Sucht und Heimlichkeit gefangen war. Es dauerte Jahre, bis ich erkannte, daß nicht allein das Essen mein Problem ist, sondern daß Bulimie stets Ausdruck eines seelischen Konfliktes ist. Und daß genau darin die Chance liegt, die diese Krankheit in sich birgt.

Dieses Buch beschreibt die mühevolle Suche nach dem eigenen Ich. Sie ist für mich bis heute nicht beendet . . .

___ Willkommen in meiner Welt ___

Ich fühlte, daß es Herbst wurde, und schloß den Kragen meines Trenchcoats. Die Stimmen der Kinder, die sich auf den Stufen vor der Kathedrale von Sacré Cœur zu akrobatischen Mutproben mit ihren Skateboards anfeuerten, verklangen hohl im nebligen Nachmittag.

Jean-Claude schwieg. So still hatte ich ihn nur einmal erlebt, an jenem Abend in New York, als bei einer Kunstauktion jemand »seinen« Brancusi ersteigert hatte, jenes Objekt des rumänischen Bildhauers, für dessen Erwerb er so hart gearbeitet hatte.

»Und das geht schon so, seit du bei mir bist?« Er zog an seiner Zigarette, ohne den Blick von seinen Schuhspitzen zu heben. Mit meiner Offenheit hatte ich ihn überrascht. Doch es schien ihm zu imponieren, mit welch klaren Worten ich über meinen Rückfall sprach. Seine Reaktion war positiver, als ich erwartet hatte.

In den vergangenen Wochen hatte ich häufig gereizt reagiert, und Jean-Claude erklärte sich meine Launen damit, daß ich kaum Folgeaufträge von den Magazinen bekam, für die ich schreiben wollte. Das stimmte, doch es war nur die halbe Wahrheit. Seit ich Jean-Claude vor drei Monaten von New York nach Paris gefolgt war, hatte ich heimlich mehrere Heißhungeranfälle gehabt. Ich mußte mir eingestehen, daß ich immer noch süchtig war.

»Wann hat das alles begonnen, ich meine mit dieser Bulimie?« Jean-Claude wirkte etwas ratlos und unbeholfen.

Wie erklärt man einem Außenstehenden die hemmungslose Gier nach Essen und die panische Angst davor, dick zu werden. Die zur fixen Idee gewordene Sehnsucht nach einem schönen, schlanken Körper, jene unzähligen schweißtreibenden Gymnastikstunden und dann wieder die Momente, in denen man wie ein Industriestaubsauger Torten, süße Kekse, pikantes Olivenmus und Berge von Pasta in sich hineinschlingt – um sie umgehend wieder auszukotzen, heilfroh, dem Körper ein Schnippchen geschlagen zu haben, der so schnell kaum eine Kalorie der Nahrung hat aufnehmen können? Wie sollte ich Jean-Claude vermitteln, was es bedeutet, *zwanghaft* Diäten zu machen?

»Angefangen hat alles mit einer Joghurtdiät, als ich ungefähr zwölf Jahre alt war.«

Jean-Claude zog den rechten Mundwinkel nach oben, sein Zeichen, daß er verstand. Er lebte selbst manchmal nach einer Diät. Auch viele seiner Bekannten hielten sich ab und zu etwas zurück.

Ich löste die Hände vom Riemen meiner Umhängetasche und legte sie in meinen Schoß. Vor uns, auf der Rue Cardinal Dubois, rollten die Autos vorüber. Jean-Claude lehnte sich zurück und sah den Kindern zu; ein Junge mit Rollerblades übersprang ein Hindernis. Wo liegt also ihr Problem? meinte ich, ihn denken zu hören. Ich begann zu erzählen. Jean-Claude hörte schweigend zu. Nur einmal unterbrach er mich, als ich beschrieb, daß ich an manchen Tagen bis zu acht Freßanfälle gehabt hatte.

»Wie schaffst du das? Ohne zuzunehmen?«

»Indem ich kotze.« Er verstand also doch nicht. Oder er hörte nicht zu. Ich wußte plötzlich nicht mehr, ob er mich überhaupt ernstnahm.

»Du erzählst von Stimmen, die dich zwingen zu essen, du sagst, du bist am Ende – bislang habe ich dich immer als eine Frau erlebt, die alles im Griff hat.«

»Hör mir zu, Jean-Claude.« Meine Stimme klang brüchig. »Ich bin nicht am Ende. Aber ich will so nicht weiterleben.«

Er würde mich für pervers halten. Er würde, wenn ich weiterredete, alles in Zweifel ziehen, mich, unsere Liebe. Es würde ihn verletzen zu hören, daß ich während seiner Vernissagen nicht auf die Bilder geachtet hatte, sondern darauf, daß niemand sah, wieviele Häppchen ich verdrückte. Daß ich bei der anschließenden Feier im Restaurant zuerst zur Toilette geeilt war, um mich zu übergeben. Und wenn ich ihm erzählte, wie sehr ich meinen Körper haßte, meinen fetten, ekelhaften Leib, würde er fragen, wie ich es ertrug, wenn er genau diesen Körper liebkoste. Ich würde auf diese Frage keine Antworten wissen.

Ich band mein Kopftuch um, im Nacken geknotet. Jean-Claude lächelte; er liebte es, mich so zu sehen. Wenn wir versuchten zu diskutieren, endete das oft mit Mißverständnissen und Verstimmtheit auf beiden Seiten. Jean-Claude verlangte nach Fakten, um zu begreifen. Nach nüchternen Beschreibungen, die ich selten geben konnte. In mir herrschte immer ein Gefühlschaos, ich deutete eher an, blieb vage. Verlangte er dann weiterhin klare Aussagen, verletzte mich seine Schroffheit. Am Ende warf mir Jean-Claude in der Regel vor, ich würde ihn oder andere für meine Probleme verantwortlich machen.

Ich fand es sehr mutig von mir, das Wort »Bulimie« diesmal überhaupt ausgesprochen zu haben. Ich wollte mich mitteilen, wollte, daß er verstand. Ich wollte ihn einweihen, ihn einladen in meine bulimische Welt mit ihren Freßanfällen und den Aufenthalten auf der Toilette.

Jean-Claude berührte meinen Arm. Er zog mich zu sich hoch und führte mich die Treppen hinunter zu seinem Wagen.

»Ich habe den Kindern versprochen, sie heute noch zu besuchen. Am Wochenende werde ich keine Zeit haben – die Vorbereitungen für die neue Ausstellung sind aufwendig.«

Ich erhob mich, nickte und verstand. Wie immer. Das war unser stillschweigendes Übereinkommen.

Das Tier in mir lächelt nie. Es kennt kein Maß. Ein Brot. Ein Glas Marmelade. Es treibt zur Eile. Das Tier fordert sein Recht und will mehr.

Krümel auf dem Tisch. Lasagne. Zwei Brioche. Ein Stück Weichkäse, eingetunkt in orientalische Sauce. Ein Glas Abführtee. Der Magen bläht sich auf. Er ist ein Müllschlucker, ein Vakuum. Auf englisch heißt Staubsauger vacuum cleaner.

Sahne im Mundwinkel. Sanft rinnt sie hinab. Einbreien. Man muß alles einbreien, dann läßt sich der Mus besser auskotzen. Gleitet besser beim Hochwürgen. Pasta – Pasta eignet sich gut, und Sahne, und Butterbrot. Croissants. Ganz Paris ist voller Croissants. Vom ersten Moment an hatte ich in meinem Kopf ein Netz von Bäckereien errichtet. Bulimikerinnen denken strategisch.

Das asiatische Delikatessengeschäft an der Ecke. Immer freundlich, diese Menschen. Wundern sich nie über die Mengen von Glückskeksen, die diese Frau kauft. Lächeln bloß.

Sahne tropft. Die Torte ist weg, der Hunger lärmt. Hunger. Ein nicht zu füllendes Loch in meiner Seele.

Mit einem Kuß hatte Jean-Claude mich vor der Haustür verabschiedet.

»Bist du okay?« Nach einer kurzen Pause fügte er hinzu: »Soll ich später noch einmal vorbeischauen?« Das war seine Art, einer Fortsetzung unseres Gesprächs aus dem Weg zu gehen. Er wußte, daß ich ihn nicht ertragen konnte, wenn er von einem Treffen mit seiner Ex-Frau kam. Normalerweise überhäuften sie sich gegenseitig mit Vorwürfen, zermürbten sich, und Jean-Claude war hinterher aufgewühlt und haltlos.

Ich schüttelte den Kopf. Sein Bemühen, sich aus der Affäre zu ziehen, kam mir ausnahmsweise gelegen.

An diesem Abend lag ich im Bett, neben mir eine Tasse dünnen Pfefferminztee, um die wiederkehrenden Magenkrämpfe zu lindern. Ich hatte den Moment verpaßt, den Rückfall aufzuhalten, mich zu schützen. Die Ratschläge meiner Therapeutin waren ungehört verhallt, sie drangen nicht durch den Chor der Stimmen in meinem Kopf, die mich aufforderten zu essen. Trotzdem war es mir für einen Moment sehr, sehr gut ergangen.

Essen beruhigt. Als ich alles aufaß, was ich in der Küche fand, plagten mich keine Gewissensbisse. Ich war frei von jedem Verantwortungsgefühl, frei von dem Druck, stets überlegt handeln zu müssen, berechenbar und vernünftig zu sein. Ich genoß diese innere Ruhe. Für niemanden mußte ich Geduld aufbringen, niemanden wollte ich beeindrucken. Ich aß nur. Im Hintergrund liefen die Fernsehnachrichten.

Anschließend erbrach ich mich. Dann putzte ich die Toilette, beseitigte alle Spuren und hängte einen neuen Duftstein auf. Ich ging unter die Dusche. Die vorangegangene Stunde meines Lebens versickerte still in der städtischen Kanalisation.

Als ich Paula, meiner Therapeutin, eines Nachmittags in ihrer New Yorker Praxis erzählt hatte, daß ich zu Jean-Claude nach Paris ziehen wollte, tat sie nichts, um mich davon abzuhalten.

Sie warnte mich nur: »Vielleicht werden die ersten Eindrücke in einer neuen Stadt deine Sucht eine Weile überdecken. Aber deinen krankhaften Mechanismus nimmst du mit. Unterschätze ihn nicht.«

Ungläubig hatte ich Paulas Worte beiseite gewischt. Nach zwölf zunächst magersüchtigen und später bulimischen Jahren blickte ich damals optimistisch in die Zukunft. Ich war mir sicher, soweit geheilt zu sein, daß ich ein normales Leben würde führen können. In Paris wartete ein Mann auf mich, der mich liebte, dem ich mich verwandt fühlte, dessen charismatische Art mich anzog und bei dem ich mich geborgen fühlte. Jean-Claude war – auch wegen seines Alters, er war fast 50 – manchmal wie ein Vater für mich. Wir teilten ein gemeinsames Interesse an moderner Kunst, und ich würde in seiner Galerie im Künstlerviertel Marais halbtags aushelfen; so war es abgemacht. Darüber hinaus schmiedete ich eigene Pläne: Ich wollte Journalistin werden und hatte bereits einige Artikel für verschiedene Zeitungen und Magazine in meiner Heimat Österreich geschrieben.

Und jetzt fand ich mich vor dem Kühlschrank wieder. Alles war anders, als ich es mir ausgemalt hatte. Ich verschlang cremige Torten und dick belegte Brote und sah mir dabei zu, wie ich meine Umgebung belog und betrog bei dem Versuch, meine exzessiven Freßanfälle zu verheimlichen. Gebannt starrte ich auf den Zeiger der Waage und wurde panisch. Ich war unruhig, unzufrieden, unausgeglichen, ich wußte nichts mit mir anzufangen. Die Tage troffen träge dahin wie dikke Soße, der Sprachkurs schleppte sich von einer Stunde zur nächsten. Jean-Claude war unterdessen sehr beschäftigt – seine Kinder, die Galerie, alles hatte Priorität. Und ich – ich aß und kotzte für mein Seelenheil. Wie in alten Tagen versuchte ich, die empfindliche Balance zwischen meinem Bedürfnis nach innerer Ruhe und dem Wunsch nach einer schlanken Figur zu halten – schlang hinunter, würgte hoch.

Das Telefon klingelte.

»Salut!« Jean-Claude lud mich ins Kino ein. »Sie zeigen einen Film von Roman Polanski, und ich kann mir heute abend freinehmen.«

»Mmh, schön, ja . . .«

»Hast du bereits etwas vor?«

»Nein, nein, ich habe noch nichts vor . . .«

»Also dann: um sieben Uhr an der Metrostation Opéra, wie immer. Ich freue mich. Küßchen!«

Es klickte in der Leitung, er hatte aufgelegt. Sieben Uhr – das war in einer Stunde. Vor einer Dreiviertelstunde hatte ich in der nahe gelegenen Bäckerei eingekauft und es mir mit fünf Croissants und zwei Hefezöpfen an dem kleinen Tisch im Wohnzimmer neben der geöffneten Balkontür gemütlich gemacht. Unten spielten die Kinder, während ich im Licht der untergehenden Sonne Essen in meine leere Seele stopfte.

Ich hatte bisher noch nicht einmal gekotzt. All das weiche, weiße Brot blähte sich in meinem Bauch. Meine satte Zufriedenheit schlug plötzlich in Panik um. Wie von einem für solche Fälle genetisch vorgesehenen Instinkt gesteuert, schaltete mein Hirn auf »Notprogramm«: Zuerst kotzen! Die Ringe unter meinen Augen vom Würgen würden sicher zwei Stunden brauchen, um abzuklingen – also Pfefferminzteekompressen vorbereiten. Und duschen, bloß nicht nach Erbrochenem riechen. Parfüm! Und was ziehe ich an? Gehen wir nur ins Kino oder treffen wir anschließend noch Bekannte? Wenn ja, wo? Im Bistro. Dann reicht die Jeans. Im Restaurant, da müßte es schon ein Kleid sein. Doch die meisten meiner Kleider passen nicht mehr, sie spannen um die Hüften. Das Bouclékostüm, ja, das ginge.

In dieser Hektik half mir meine jahrelange Routine. Punkt sieben stieg ich aus der Metro.

»Salut.« Jean-Claude lehnte an einem Geländer, unter dem Arm seine braune Kalbsledertasche. Er war direkt aus der Galerie gekommen. »Was ist, gibst du mir keinen Kuß?«

»Doch.« Flüchtig streifte ich seine Wange.

Der Film war verwirrend, die Handlung abstrus, die Untertitel irritierend. Zudem hatte ich ständig Angst, Jean-Claude könnte irgendwie bemerken, daß ich vor einer guten Stunde noch über der Toilette gehangen hatte. Seit dem mißglückten ersten Versuch auf den Stufen von Sacré Cœur hatten wir noch ein paarmal über meine Bulimie gesprochen. Trotzdem konnte ich nicht einschätzen, wie er reagieren würde, wenn er wüßte, daß ich vor zwei Stunden noch in einem süßen semmelbraunen Weißbrotrausch geschwelgt hatte. Hoffentlich war mein Parfüm nicht zu aufdringlich.

»Na, wie hat dir der Film gefallen? Sag nicht, das Beste sei der nackte Oberkörper des Tänzers gewesen.« Jean-

Claude lachte. Aber mir war nicht nach Scherzen. Ich schwieg.

»Wie auch immer. Hast du schon gegessen? Ich kenne ein Bistro in der Nähe. Warte hier, ich hole schnell den Wagen.«

Ich war ihm dankbar für die kleine Pause. Im Schaufenster eines Schuhgeschäftes kontrollierte ich meine Aufmachung. Erleichtert stellte ich fest, daß es so schlecht gar nicht um mich stand. Lange Beine, die Füße in eleganten Pumps, das Bouclékostüm. Besser als ich gedacht hatte. Sehr ladylike. Und darauf legte Jean-Claude großen Wert. Er stammte aus einer reichen Familie, in der man ein großes Standesbewußtsein hatte und erheblichen Wert auf die äußere Erscheinung legte. Außerdem war er Macho genug, um eine »richtige Frau« an seiner Seite zu wollen; ich hatte alle Freiheiten, solange ich mich hübsch zurechtmachte.

Der dunkelgrüne Oldtimer bog um die Ecke, und ich ließ meinen Lippenstift in der Handtasche verschwinden. Jean-Claude stieg aus und öffnete mir die Beifahrertür. Lachend und mit gekonntem Schwung ließ ich mich auf den weichen Ledersitz gleiten. Ich war wieder die Frau, in die er sich verliebt hatte. Feminin, fröhlich, selbstbewußt.

Im Restaurant bestellte ich Salat und ein Pfirsichsorbet. Jean-Claude erzählte vom Geschäft. Die letzten Bilder für die bevorstehende Ausstellung waren eingetroffen. Ich hörte zu und stach die Gabel in ein Blatt Chicorée. Ich aß langsam, ohne ein Zeichen von Hektik. Nicht die kleinste Geste verriet meine heimliche Perversion. Ich lächelte, nippte am Wein und betrachtete aufmerksam Jean-Claudes Gesicht. Ich genoß seine Nähe, seine Präsenz und seine weltgewandte Haltung; aus seiner Welt konnte ich mir holen, was ich in meiner eigenen nicht fand.

Später, als wir im Bett lagen, zog Jean-Claude mich an sich.

»Wie lange wird die Therapie dauern?« Sein Finger malte kleine Kreise auf meinen Körper.

»Ich weiß es nicht.« Ich würde nach New York zurückkehren und meine Therapeutin treffen, doch ich hatte keine Vorstellung davon, was mich dort erwartete. »Auf jeden Fall werde ich dich besuchen.« Ich küßte die Sommersprossen auf Jean-Claudes Brust. Eine Weile hing jeder seinen Gedanken nach.

»Wirst du wiederkommen?« Er stellte die Frage vorsichtig, doch einmal ausgesprochen, hing sie schwer und unausweichlich im Raum. Ich hatte mit ihr gerechnet.

»Ich kann es nicht sagen.« Täglich fragte ich mich, ob ich irgendwann einmal würde normal essen können. »Ich habe Angst. Ich weiß nicht mehr, wie das ist, ein Leben ganz ohne Bulimie.«

Was hatte ich denn bisher in meiner Therapie erreicht, wenn ich hier in Paris so ohne weiteres alle bisher erreichten Fortschritte vergessen konnte? Ich hatte gelernt, Ursachen und Auslöser für meine Freßanfälle zu erkennen. Außerdem hatte Paula mir Techniken beigebracht, die helfen sollten, mit den Heißhungeranfällen umzugehen. Doch wenn ich in den vergangenen Wochen versucht hatte, meine Gier zu bremsen, war ich meist gescheitert.

Jean-Claudes Lippen berührten sanft meine Stirn. Kurze Zeit später war er eingeschlafen. Vorsichtig löste ich mich aus seinen Armen. An der Wand gegenüber vom Bett lehnte ein Bild, das Jean-Claude mir geschenkt hatte, nach jenem Nachmittag an der Sacré Cœur. Eine

18

Kohlestiftgraphik eines jungen Künstlers, für den er eine Ausstellung organisiert hatte. »Offensichtlich weiß ich wenig von dir«, hatte in dicken Buchstaben auf der Verpackung gestanden. »Aber ich glaube an dich. Ganz fest. In Liebe.«

Ich starrte auf das Bild, bis ich in einen traumlosen Schlaf fiel.

Hungrige Tochter

Ich wurde im November 1968 in der Steiermark geboren. Es war das Jahr der Studentenrevolten, und
der Wind dieser emanzipatorischen Neuerungen sollte bald bis in die kleine Wohnung meiner Eltern in
Graz hineinwehen. Allerdings traf der progressive
neue Geist dort auf eine Mischung aus katholischem
Konservativismus und nervöser Begeisterung für die
liberalen Ideen.

Die Geburt war anstrengend für meine Mutter, denn
sie brachte Zwillinge zur Welt, Jana und mich. Für
unsere ältere Schwester Annett ging damit eine süße
Zeit uneingeschränkter Aufmerksamkeit abrupt zu
Ende.

Mein Vater arbeitete damals als Verkäufer für eine Ga-
belstaplerfirma, und meine Mutter blieb die meiste Zeit
mit uns Kindern allein. Ich muß besonders nervend für
sie gewesen sein. Oft kroch ich nachts zu ihr ins Bett,
einmal sogar vierzehnmal.

Diese ruhelosen Nächte kosteten meine Mutter viel
Kraft und Energie, die sie tagsüber besser hätte ge-
brauchen können, denn da mein Vater häufig auf Ge-
schäftsreisen war, mußte sie sich allein um alle häuslichen Angelegenheiten kümmern. Oft am Rande der
Verzweiflung, nahm sie hin und wieder Zuflucht zu
den Erziehungsmaßnahmen ihres Vaters und griff nach
dem Teppichklopfer, dabei alle Ideale der liberalen Kin-
dererziehung vergessend.

Wir Kinder konnten dieses Schwanken unserer Mutter, die einerseits liebend und zärtlich sein wollte, andererseits aber auch Ordnung halten mußte, spüren. Ihre Unberechenbarkeit machte uns zu schaffen, und wir lernten schnell, vor den schmerzenden Schlägen auf der Hut zu sein.

Später, ich war neun Jahre alt, wechselte mein Vater seinen Job und wurde nach kurzer Zeit zum Verkaufsleiter befördert. Sein Einkommen stieg, wir zogen in eine bessere Wohnung im Großraum Wien und konnten uns manchen kleinen Luxus leisten.

Mit zwölf Jahren beschloß ich zum erstenmal abzunehmen; ich fand mich zu pummelig. In einer Frauenzeitschrift las ich von der »Joghurtdiät«: Bei striktem Verzicht auf alles, was dick machte, und beim ausschließlichen Verzehr von mehreren Portionen Joghurt täglich würde ich acht Kilo in zehn Tagen verlieren, hieß es. Clara, meine Freundin, hatte es bereits mit großem Erfolg probiert. Sie war ein hübsches, blondes Mädchen und nun auch noch gertenschlank; alle bewunderten ihr Aussehen.

Ich verzichtete auf Kekse und Briochewecken, diese süßen österreichischen Hefezöpfe, auf Schokolade und Nudeln. Wenn meine Mutter statt des geforderten Magermilchjoghurts den mit 3,5-prozentigem Fettgehalt brachte, wurde ich wütend. Mein Erfolg mit der Joghurtdiät war weniger beeindruckend als bei Clara, aber immerhin, ein bißchen Gewicht verlor auch ich. Als kurze Zeit später in einer anderen Frauenzeitschrift die »Kartoffel-Ananas-Diät« gepriesen wurde, probierte ich die ebenfalls.

Die Models in den Modemagazinen wurden zu meinen Vorbildern: Bildhübsch und mit perfekten Körpern waren sie nicht nur schön, sondern sahen immer auch fröhlich und zufrieden aus. Sie wirkten selbstbewußt und erfolgreich. Ihre Welt war einladend.

Ungefähr zur gleichen Zeit kündigte mein Vater seinen Job und ließ sich zum Diakon weihen. Meine Eltern waren beide in einem frommen Umfeld aufgewachsen und hatten sich schon immer in der katholischen Kirche engagiert; mit diesem radikalen Wechsel vom weltlichen ins geistliche Leben veränderte sich unser Familienalltag jedoch gravierend.

Wir zogen zurück nach Graz. Meinem Vater war dort ein Posten in einer Gemeinde angetragen worden. Allerdings reichte sein Einkommen nun gerade noch für das Nötigste, und wir Mädchen bekamen die Folgen des schmaleren Familienbudgets deutlich zu spüren. Inzwischen munter pubertierend, wollten wir schicke Klamotten tragen und endlich unseren ersten Nagellack ausprobieren – meine Eltern allerdings predigten Verzicht, Selbstlosigkeit und Nächstenliebe. »Ihr könnt froh sein, daß ihr ein warmes Bett und zu essen habt!« wurde mein Vater nicht müde zu wiederholen. Alle, die auf der Schattenseite des Lebens standen, lagen ihm am Herzen. Er spendete für Entwicklungsprojekte in der Dritten Welt, engagierte sich im Sozialdienst für Flüchtlinge und betreute – neben den alltäglichen Taufen, Hochzeiten und Beerdigungen – Arme, Obdachlose und kirchliche Jugendgruppen.

Die christlich-katholische Moral prägte die Atmosphäre in unserer Familie sehr stark. Die langsam erwachende Sexualität seiner drei halbwüchsigen Töchter bereitete meinem Vater Unbehagen. Nicht weniger orthodox als der Papst wetterte er gegen vorehelichen Geschlechtsverkehr. Als ich einmal mit Klassenkameraden ins Kino gehen wollte, um »Das Dschungelbuch« zu sehen, war er strikt dagegen, denn er befürchtete, daß einer der Jungen sich ja im Dunkel an mir vergehen könne.

Ohnehin fand mein Vater, wir sollten uns lieber Filme wie »The day after«, einen Film über den Atomkrieg, anschauen. Der Atomkrieg, das Waldsterben, soziale Probleme, der ökologische Kollaps – das waren in seinen Augen wichtige und relevante Themen, und auch ich in der Rolle eines modernen, jungen Mädchens hielt all dies für wichtig. Die Welt schien ein Moloch zu sein, und ich war den drohenden Katastrophen ohnmächtig ausgeliefert.

In mir wuchs das Bedürfnis, dem bedrückenden Gefühl etwas entgegenzusetzen. Ich suchte nach einer Möglichkeit, Einfluß zu nehmen und meine kleine Welt so zu gestalten, daß mich die Bedrohungen von draußen nicht berührten. Meine erste Diät geriet da zum Schlüsselerlebnis: Meine Familie, das Waldsterben, das Elend der Welt – daran konnte ich nichts ändern; doch ich konnte bestimmen, was ich aß und was ich nicht aß, und so meinen Körper und mein privates Leben kontrollieren. Wie eine Landschaft unterteilte ich meine Figur in kleine Einheiten, denen ich zuleibe rückte: Gewicht, Zentimeter, Kleidergröße, Energieverbrauch. Ich schuf mir eine Ordnung in der Unordnung, eine überschaubare, ruhige Oase jenseits der immer näher rückenden Apokalypse.

Inmitten von Illustrierten wie »Brigitte« und »Carina«, zwischen Diätanleitungen und Models, deren Maße ich längst auswendig kannte, entstand für mich eine Wirklichkeit außerhalb der Wirklichkeit, eine freundliche Phantasiewelt neben dem alltäglichen Desaster. Ein bunter, fröhlicher, inspirativer, moderner Mikrokosmos. Das exakte Gegenteil unseres täglichen Familienlebens.

Meine Eltern waren bestrebt, aus ihren Töchtern selbständige und sozialkritische Menschen zu machen. Anfang der achtziger Jahre steckte ihre Ehe in einer Krise, und sie begannen eine Ehetherapie; viele ihrer dort gewonnenen Einsichten reichten sie ungefiltert an uns Mädchen weiter, stellten Fragen wie »Wer bin ich?«, »Wohin will ich in meinem Leben?« oder »Was sind meine inneren Werte?« Nicht, daß ich mich das als Pubertierende nicht ohnehin gefragt hätte, ich suchte die Antworten jedoch in den Frauenzeitschriften; sie unterschieden sich wesentlich von denen, die meine Eltern für pädagogisch wertvoll bzw. mit dem christlichen Glauben vereinbar hielten.

Für sie war die Tugend der Vergebung ein sehr hohes Ideal. Wenn ein Mensch verzeihen und vergeben könne, predigte mein Vater, sei er auch in der Lage, seine Konflikte zu lösen. Als meine Mutter jedoch anfing, mich um Vergebung dafür zu bitten, daß sie mich als Kind geschlagen hatte, wußte ich nicht, was ich antworten sollte. Ich vergebe dir? Ich vergebe dir nicht? Für sie war meine Antwort wichtig, meine Vergebung würde sie in gewisser Weise erlösen. Für mich war ihr Wunsch eine maßlose Überforderung.

Beeinflußt von den neuen Ideen begannen meine Eltern, sehr grundsätzlich über die Erziehung ihrer Kinder nachzudenken. Sie probierten die unterschiedlichsten Erziehungskonzepte aus. Stellte meine Mutter im einen Augenblick Regeln und Verbote auf, schwenkte mein Vater im nächsten Moment auf einen extrem antiautoritären Stil um. Mutter erwartete, daß wir selbständig würden; Vater ermahnte uns, nicht vom wahren Weg abzuweichen. Beide lasen Bücher wie »Ich bin okay, Du bist okay« und »Die Familienkonferenz« – die anschließend zur festen wöchentlichen Einrichtung bei uns zu Hause wurde. Als mein Vater darüber nachdachte, sich zum Diakon weihen zu lassen, wurden Annett, Jana und ich basisdemokratisch befragt, ob wir diesen Plan befürworteten; ein löbliches Ansinnen, aber was sollten wir Kinder dazu schon sagen?

Unsere Erziehung geriet zu einem Experiment, und es war schwierig, in dem Dickicht nicht die Orientierung zu verlieren. Auf nichts konnte ich mich verlassen, alles war in permanenter, nicht nachvollziehbarer Veränderung begriffen. Meine Mutter entwickelte sich zur Hobbypsychologin: Sie reflektierte über ihre Handlungen, dachte nach, wog ab, überlegte, ob sie eventuell etwas falsch machen könnte – so lange, bis jegliche Spontaneität verpufft war.

Man kann ihr nicht vorwerfen, daß sie nicht aufgeschlossen gewesen wäre für Neues. Überhaupt galten meine Eltern bei anderen als progressiv. Mein Vater verabschiedete sich vom gängigen Traum vom großen Geld, um sich den Benachteiligten dieser Welt zu widmen. Meine Mutter löste sich aus der traditionellen Frauenrolle. Sie wurde zwar nicht zu einer engagierten Feministin, aber sie machte sich nun auf die Suche nach einer neuen Identität, nach mehr Gleichberechtigung und Selbständigkeit. Doch ich hätte manchmal lieber eine souveräne, warmherzige, offene Mutter gehabt statt einer Hobbytherapeutin.

Wir gingen oft wandern, suchten Pilze, und mein Vater baute mit meinen Schwestern und mir Baumhütten, wenn er am Wochenende Zeit hatte. So gesehen erlebte ich das, was man eine glückliche Kindheit nennt. Doch all die pädagogischen Ambitionen und die permanente Dir-geht-es-ja-noch-gut-Moral lagen wie ein bleierner Mantel über unserem Familienleben. Unbeschwertheit und Leichtigkeit, kindliche Unvernunft und ausgelassene Sorglosigkeit waren darin nicht vorgesehen. Die Auseinandersetzungen, die meine Eltern anstrebten, waren anstrengend. Das über allem schwebende Diktat der christlichen Werte, die Predigten über die Stärke, die im Glauben liege, über den Satan und das Böse – die Verführung zu weltlichen Lastern – schnürten mir die Luft ab. Völlig überfordert ging ich in die Opposition: Statt zur katholischen Jugendgruppe marschierte ich zum Zeitungskiosk und kaufte die neue »Carina«.

Einmal besuchte ich Clara, und wir tranken schwarzen Kaffee. Sie erzählte von ihren jüngsten Diäterfolgen; stolz listete sie auf, was sie alles *nicht* gegessen hatte.

Ich fühlte mich unbehaglich an Claras Seite, dick und häßlich. Zwar lebte ich die meiste Zeit von Salatgurken und trockenem Knäckebrot, doch wenn meine Mutter einen Kuchen auf den Tisch stellte oder am Wochenende Braten mit Soße und Knödeln zubereitete, aß ich mit größtem Genuß. Erbarmungslos zeigte die Waage im Bad anschließend zwei Kilo mehr an.

Clara sah aus wie eine Gazelle, und ich war eher ein trampeliges, unförmiges Nilpferd.

Zutiefst beschämt fastete ich erneut, konsequenter als zuvor. Mit Grapefruit und Magerjoghurt hungerte ich meinem Idealgewicht von 52 Kilo entgegen. An den Kühlschrank in der Küche klebte ich einen Diätplan, der meine tägliche Kalorienmenge regelte. In einer Spalte schrieb ich auf, was ich essen durfte: alle kalorienarmen Lebensmittel waren »erlaubt«, sämtliche Dickmacher setzte ich auf die schwarze Liste der »verbotenen« Dinge. Daneben trug ich ein, was ich tatsächlich zu mir nahm. Wenn der Hunger mich übermannte, ging ich in die Küche, und anstatt in den Kühlschrank zu greifen, zeichnete ich meine Essensphantasien an den Rand meines Diätplans: Laibe von Brot, Käse, Kuchen. So gelang es mir, die Hungerphasen zu überbrücken.

Bald bekam ich Angst, ich würde mein Ziel nie erreichen. Ich sah Clara, die davon träumte, Model zu werden, und die Tag für Tag schlanker und schöner wurde. Mein Spiegelbild geriet dagegen mehr und mehr aus den Fugen. Meine Beine waren immer noch stämmig und mein Bauch wollte einfach nicht so flach wie ein Waschbrett werden. Mit dieser Figur würde ich nicht in die Welt der Schönen und Schlanken einziehen, zu der Clara schon jetzt gehörte. Die Mädchen in der Schule beneideten sie um ihre Disziplin, und die Jungs machten spöttische, aber anerkennende Bemerkungen über ihre Figur. Nur Claras Eltern sorgten sich um ihre Tochter, die beharrlich weiterhungerte; sie strebte nach Höherem und genoß die allgemeine Aufmerksamkeit um ihre Person.

Wenn ich nicht die beste Zeit meines Lebens verplempern wollte, mußte ich also abnehmen. Sobald ich erst so schlank wäre wie eines dieser Mannequins in den Magazinen, würde sich alles von alleine fügen.

Doch je strenger ich hungerte, um so gieriger wurde ich. Immer häufiger unterbrachen jähe Heißhungerattacken meine Diätpläne. Wild und unkontrolliert schlang ich in solchen Momenten alles in mich hinein, was ich finden konnte – sofern ich mich unbeobachtet wußte. Anschließend kam ich mir vollgestopft, elend und mickrig vor. Ich war ein Nichts, eine Niete, noch nicht einmal in der Lage, eine simple Diät durchzuhalten.

In den Berichten der Frauenzeitschriften klang es so leicht, nach einer Diät zu leben schien ein Kinderspiel.

Die Models wirkten alle glücklich, auch wenn sie sich nur von Gurken und Magerquark ernährten. Offensichtlich stimmte mit mir stimmte etwas nicht. Wieder besuchte ich Clara. Sie besaß die nötige Härte gegen sich selbst; vielleicht konnte sie mir Tips geben, Ratschläge, von denen ich noch nicht wußte.

Mit der Zeit geriet ich in eine Hungerspirale. Jedem Fasten folgte Völlerei, jedem Fressen neues Darben. Eine unheimliche Dynamik hielt diesen Teufelskreis in Gang. Meine Gedanken kreisten immer öfter ums Essen. Ich wachte sogar auf, weil ich von Kuchen und Pralinen träumte. Ich war häufig gereizt oder aus unerklärlichen Gründen tief deprimiert und stritt ständig mit Annett.

Mir fiel auf, daß mich das ständige Hungern entkräftete, doch das beunruhigte mich nicht. Clara war auch manchmal etwas matt, und die anderen Mädchen in meiner Klasse oder Bekannte meiner Mutter, die gerade nach einer Diät lebten, klagten ebenfalls. Das schien offenbar der Preis für einen perfekten Körper zu sein. Und ich war von der Idee, schlank zu sein, besessen genug, um solche Kleinigkeiten in Kauf zu nehmen.

Später erfuhr ich, daß Clara in diesen Jahren bereits ernsthaft magersüchtig war. Mit siebzehn erlitt sie vor Schwäche ihren ersten Herzanfall; sie hatte ihren Körper auf 49 Kilo heruntergehungert, bei einer Größe von einem Meter sechsundsiebzig. Ich selbst war damals ebenfalls auf dem Weg in die Magersucht, doch weder ich noch irgend jemand in meiner Umgebung bemerkte das.

Eines Tages, ich war inzwischen 15 Jahre alt, kam ich von einer einwöchigen Klassenfahrt zurück. Es war niemand zu Hause. Auf dem Tisch stand der angeschnittene Sonntagskuchen. Ich setzte mich und begann zu essen. Es war ein mächtiger Kuchen, voller Buttercreme und Sahne, und nachdem ich die letzten Tage über gehungert hatte, war er ein einziger Hochgenuß. Schon nach dem ersten Bissen konnte ich mich nicht mehr beherrschen: Ich aß den Kuchen auf, bis zum letzten Krümel.

Dann meldete sich mein schlechtes Gewissen. Wieder einmal hatte ich eine Woche lang gefastet und innerhalb einer halben Stunde alles zunichte gemacht. Ich scheiterte an allem – besonders an mir selbst. Längst ging ich regelmäßig joggen und machte Gymnastik, um die Pfunde wieder abzutrainieren, die ich mir zwischen meinen Hungerkuren anfraß. Doch nach dieser Kalorienbombe würde auch kein Training mehr helfen. Ich mußte den Kuchen wieder aus meinem Körper herausbekommen.

Mit einem Eimer setzte ich mich ins Wohnzimmer, im Fernsehen lief ein alter Schwarzweißfilm mit Hans Moser. Ich unternahm mehrere zaghafte Versuche, mich zu übergeben. Doch der Kuchen blieb, wo er war.

Nach einer Weile ging ich ins Bad, beugte mich über die Kloschüssel, aber ich konnte mich einfach nicht überwinden, den Finger in den Hals zu stecken. Ich würgte nur und ekelte mich. Irgendwann erbrach ich mich doch noch und fühlte mich unendlich erleichtert.

Als meine Eltern kurze Zeit später nach Hause kamen, merkten sie, daß ich mich übergeben hatte. Ich erzählte ihnen, ich hätte den Kuchen mit zwei Klassenkameradinnen gegessen, und hinterher sei mir schlecht geworden. Das konnten sie gut verstehen.

Auf diesem Weg hatte ich an diesem Nachmittag »das Kotzen entdeckt«. Es sollte sich als äußerst wirksames

Mittel gegen die unerwünschten Folgen meiner weiteren unkontrollierten Freßanfälle erweisen.

Zähne mahlen auf mürbem Teig, der Magen – ein weites Tor. Sehr weit. Offen für alles, was die Hände in der Küche finden, was die Augen erspähen in dunklen Ecken, verborgenen Winkeln.

Obstsalat. Nudeln. Brioche. Marzipan. Oliven. Pflaumenmus und Honigbrot. Stoff für ein kurzes Glück. Heiter, fröhlich stehen die Schalen und Teller auf dem karierten Tischtuch. Sie lachen. Sie rufen.

Ich höre sie und folge ihnen.

Ruhe breitet sich aus. Angenehme uhe. Geborgenheit. Klebriges Plundergebäck, sämige Schokolade, süße Sahne. Der monotone Rhythmus der Kaumuskeln lullt die Bestie ein. Die Eintönigkeit beruhigt sie; sie weiß sich versorgt.

Auf dem Weg zwischen der Bahnstation und der Wohnung meiner Eltern lag ein Lebensmittelgeschäft. Jeden Tag auf dem Schulweg kam ich daran vorbei. Sie verkauften dort billige Kekse, und ich nahm oft eine Familienpackung mit. Meine zuerst nur sporadischen Anfälle von Heißhunger waren inzwischen zur Regel geworden. Um mein Gewicht dennoch zu halten, oder, noch besser, weiter abzunehmen, erbrach ich mich häufig, an manchen Tagen zwei- oder dreimal. Eine einfache Mahlzeit reichte dazu aber nicht aus. Mein Magen mußte randvoll gefüllt zu sein, wenn ich ihn kurze Zeit später umstülpen wollte. Ich mußte also versuchen, möglichst unauffällig möglichst viel zu essen.

Auf dem letzten Stück des Heimweges stopfte ich daher die Kekse in mich hinein. Zu Hause angekommen setzte ich mich an den gedeckten Tisch und aß soviel, wie ich meinte, essen zu können, ohne daß meine Mutter sich wunderte.

Dann ging ich in mein Zimmer. Dort holte ich eine Tafel Schokolade aus meiner Tasche, die ich ebenfalls in dem Lebensmittelgeschäft gekauft hatte. Während ich über meinen Schularbeiten saß, hantierte meine Mutter in der Küche. Die Geräusche in der kleinen Wohnung waren von sturer Berechenbarkeit: das Klappern des Geschirrs, das leise Surren der Spülmaschine, das Röcheln der verkalkten Kaffeemaschine. In diesen Klangteppich hinein mischten sich bald Stimmen. Erst leise lockend, dann lauter und schriller riefen sie in meinem Kopf nach Essen.

Ich hortete inzwischen immer irgendwo einen Nahrungsmittelvorrat. Unter dem Bett oder im Kleiderschrank hinter den Winterpullovern lagerte ich Kekse, Brot, Marmelade, Honig. Ich hatte gelernt, Vorsorge zu treffen. Diese Momente der erwachenden Gier kamen plötzlich und unvorhersehbar, und ich hatte kaum eine Chance, mich gegen sie zu wehren. Es beruhigte mich zu wissen, daß ich in meinem Zimmer jederzeit etwas zu essen finden würde.

Sobald die Tafel Schokolade alle war, zog ich einen weichen Hefezopf aus meinem Wäschefach hervor. Ich schob ihn zwischen zwei Bücherstapel, die auf dem Schreibtisch lagen, und breitete noch das geöffnete Notenheft darüber, so daß nichts zu sehen wäre, falls meine Mutter oder eine meiner Schwestern unversehens zur Tür hereinkommen sollten. Scheibe für Scheibe kaute ich das süße Brot. Und schrieb weiter an meinen Hausaufgaben.

Dann war es Zeit, mich zu übergeben, denn ich mußte alles wieder loswerden, bevor der Magen es verdauen konnte. Das Bad grenzte direkt an mein Zimmer, und ich horchte auf die Geräusche in der Wohnung. Meine Mutter putzte sich die Zähne. Das war ein gutes Zeichen, denn es bedeutete, daß sie sich gleich zu einem Nickerchen hinlegen würde. Erst wenn ich sicher sein konnte, daß sie schlief, ging ich ins Bad und erbrach mich.

Am späten Nachmittag bekam ich wieder Hunger. Zwar hatte ich den ganzen Tag über gegessen, doch mein Magen war leer. Zu dieser Tageszeit war es nicht schwierig, etwas zu essen zu bekommen, ohne aufzufallen. Ich ging in die Küche und schmierte mir ganz offen zwei Scheiben Brot. Meine Mutter war völlig arglos, denn sie ahnte nicht, daß ich bereits meinen nächsten Coup vorbereitete. Solange ich mich nicht durch übertriebene Portionen und unverhältnismäßige Hektik verriet, würde das auch so bleiben.

Dann wartete ich auf das Abendessen. Es war üblich, daß die Familie gemeinsam eine warme Mahlzeit aß, sobald mein Vater von der Arbeit nach Hause kam. Wieder bemühte ich mich, so viel wie möglich abzubekommen, ohne daß sich jemand über meine Portionen wunderte.

Sobald die anderen dann fernsahen oder bereits im Bett lagen, ging ich auf die Toilette und würgte das Abendessen wieder heraus.

Selbst nachts kamen die Heißhungeranfälle. Leise schlich ich in die Küche und stahl Brot, Butter und Marmelade aus dem Vorratsschrank. Damit niemand etwas von meinem nächtlichen Raubzug bemerkte, stand ich am nächsten Morgen um fünf Uhr auf und fuhr heimlich bei Wind und Wetter mit dem Mofa in die nächste Bäckerei. Um niemanden durch das Knattern des Motors zu wecken, schob ich das Mofa stets bis zur Straßenecke. Erst dort startete ich. Wie ein gemeiner Verbrecher schwang ich mich auf den Sattel und tuckerte los.

Manchmal wunderte sich meine Mutter über das frische Brot; war es doch am Abend zuvor viel trockener gewesen. Daß Butter und Marmelade ebenfalls frisch waren, merkte sie nie, denn ich prägte mir immer genau ein, wieviel noch im Glas oder in der Packung war, bevor ich zu löffeln begann, und füllte stets exakt nach. Meine Eltern hatten den Ehrgeiz, sich gesund zu ernähren, zuckerarm und biologisch-dynamisch. Aber sie schmeckten nie heraus, daß ich ihre selbstgemachte, zuckerarme Marmelade mit einer billigen aus dem Discountmarkt verrührte.

Mit der Zeit wurde es schwieriger, meine wachsenden Bedürfnisse in Sachen Lebensmittel zu befriedigen. Mein Taschengeld reichte nicht mehr aus, um alles nachzukaufen, was ich zu Hause aus dem Kühlschrank nahm. Ich begann, Geld aus dem Portemonnaie meiner Mutter zu stehlen, oder aus den Spardosen meiner Schwestern. Kleine Beträge, so daß niemand etwas merkte.

Im Supermarkt zu stehlen – dazu fehlte mir der Mut. Es geschah immer häufiger, daß ich, kaum daß ich einen Laden betreten hatte, eine Tafel Schokolade griff und sie aß, während ich mit dem Einkaufswagen zwischen den Regalen entlangging. An der Kasse war dann nur noch ein Riegel Schokolade übrig, so daß die Kassiererin gerade noch den Preis lesen konnte. Der Schritt zum Diebstahl wäre kein großer gewesen, aber ich traute mich nicht. Ohnehin war keiner der Supermärkte, in denen ich einkaufte, so riesig und anonym, wie das in der Großstadt der Fall ist. Man kannte mich, zumindest vom Sehen. Deshalb mußte ich auch immer überlegen, wo ich zuletzt was eingekauft hatte, damit nirgendwo eine Verkäuferin wegen der großen Mengen Verdacht schöpfte. Eine Packung Kekse, zwei Tüten Gummibärchen, weiche Lakritze und drei abgepackte Marmorkuchen ließen sich zwar als »Das ist für die Geburtstagsfeier meiner Nichte« deklarieren, aber eben nur einmal.

Viel heikler war es, das regelmäßige Erbrechen vor meiner Familie geheimzuhalten. Ich versuchte, mich möglichst nur zu übergeben, wenn niemand zu Hause war oder die Familie schlief. Da meine Mutter die Putzmittel in einem Schrank unter dem Waschbecken aufbewahrte, konnte ich stets alle Spuren beseitigen. Doch mit wachsender Routine ließ mein Geruchssinn nach. Angesprochen auf den unangenehmen Geruch im Bad erfand ich Ausreden – ich hätte einen unruhigen Magen, etwas Verdorbenes gegessen, sei nervös, die Hormonumstellung, die Pubertät und dergleichen.

Ich spann ein feines Netz aus Lügen, Heimlichkeiten und Tricksereien, hinter denen ich meine Unersättlichkeit verbarg; und ich war stolz darauf, wie gut mir das im Allgemeinen gelang. Dennoch wurde dieses Netz mit der Zeit löcherig. Denn irgendwann bemerkte meine Mutter doch, daß Lebensmittel aus dem Vorratsschrank verschwunden waren. Außerdem hatte ich einfach nicht genug Geld, um immer alles zu ersetzen, was ich heimlich gegessen hatte, oder wachte morgens nicht rechtzeitig auf, um vor dem Frühstück die Brötchen zu besorgen, die ich in der Nacht verschlungen hatte, oder ich konnte mich nicht beherrschen und verputzte einen frisch gebackenen Sonntagskuchen. Der bis dahin feste Boden unter meinen Füßen wurde wackelig.

Meine Familie war zunächst erstaunt über die Mengen, die ich aß; dann wurde man mißtrauisch und ungehalten. Meine Schwestern nannten mich einen Vielfraß, mein Vater verwarnte mich, meine Mutter appellierte an mein Gerechtigkeitsgefühl. Als sie eines Morgens zum wiederholten Mal in die Küche kam und weder Brot noch Butter, Käse oder Honig fürs Familienfrühstück vorfand, war auch sie mit ihrer Geduld am Ende. Der Entschluß, künftig die Küche zu verschließen beziehungsweise mich nur noch in Begleitung hineinzulassen, fiel auf der nächsten »Familienkonferenz«. Einstimmig waren alle dafür, meinem Egoismus einen Riegel vorzuschieben.

»Wir denken, daß wir dir dadurch helfen«, sagten meine Eltern. »Ich komme mir komisch dabei vor«, räumte Jana ein. »Aber es geht mir auf die Nerven, daß du ständig nur an dich denkst und uns alles wegißt.«

Es dauerte nicht lange, bis ich wußte, wo meine Eltern den Schlüssel versteckten.

Eines Abends waren meine Zwillingsschwester und ich gemeinsam in der Küche. Jana räumte ihren Teller in die Spüle und trank ein Glas Milch, das auf dem Tisch stand, aus.

»Hast du genug gegessen?« fragte sie. »Wenn du noch etwas willst, nimm es dir. Sonst schließe ich jetzt wieder ab.«

»Danke, nein, ich bin satt.« Ich gab mich genügsam. »Ach warte . . . ich nehme mir noch die Buttermilch.« Ich griff in den Kühlschrank und sah eine Platte mit dem restlichen Nudelauflauf vom Mittag. Den ganzen Nachmittag über hatte ich abwechselnd süße Kekse und salzige Kartoffelchips in mich hineingestopft. Eine letzte Bisquitrolle mit Zitronencreme steckte noch in meiner Schultasche. Dazu paßte die Buttermilch gut, sie half, den Teig einzubreien. Den Nudelauflauf würde ich mir später holen.

»Ich gehe noch joggen«, sagte ich und schlenderte in mein Zimmer. Hinter mir hörte ich, wie Jana den Küchentürschlüssel zweimal herumdrehte. Ich ging ins Bad, wo meine Joggingsachen auf der Wäscheleine hingen. Durch einen Spalt in der Tür konnte ich sehen, wie Jana den Schuhschrank im Flur öffnete und den Schlüssel in die Winterstiefel meines Vaters gleiten ließ. Damit war der Nachschub wieder gesichert.

Regelmäßig schlich ich nachts in die Küche und kochte heimlich Grießbrei oder briet Pfannkuchen, die ich – tellerdick bestrichen mit Butter und ganzen Gläsern von Marmelade – genüßlich verdrückte. Bis ich auch dabei erwischt wurde.

Ich stand gerade am Herd und rührte einen Vanillepudding an, als ich die Schlafzimmertür knarren hörte. Schritte schlurften über den Flur. Hastig versuchte ich noch, den Topf und die Zutaten hinter den Blumen auf der Fensterbank zu verstecken, da stand mein Vater bereits im Türrahmen.

»Ja, muß das denn sein? Mitten in der Nacht?«

Er war fassungslos. Er konnte kaum glauben, was er sah. Hinter mir glühte rot die Herdplatte, Eierschalen lagen auf dem Tisch, ein paar Kleckse Eiweiß mischten sich mit Spuren von Zucker.

Ich brachte vor Schreck keinen Ton heraus.

Mein Vater bebte vor Zorn. Und wahrscheinlich auch vor Ohnmacht, weil er sah, daß selbst der drastische Beschluß der »Familienkonferenz« meiner Gier keine Grenze zu setzen vermochte. In seiner Hilflosigkeit blieb er stumm. Er stand reglos in der Tür und starrte auf das Bild, das sich ihm bot. Ich schaltete den Herd aus, schlich mich an ihm vorbei in mein Zimmer und kroch hungrig unter die Bettdecke. Durch die geschlossene Tür hörte ich meinen Vater zur Toilette und wieder ins Schlafzimmer gehen. Ich fühlte mich nackt und klein wie nie zuvor. Er hatte in die Fratze meiner Unersättlichkeit geschaut.

Am liebsten wäre ich ihm nachgelaufen, hätte ihm versichert, daß ich nie wieder heimlich kochen oder essen würde, daß ich ihn liebte und bereute, ihm so viele Schwierigkeiten zu machen. Alle deine Ohrfeigen, die ich bekomme, wenn ich dir auf die Nerven gehe, sind verziehen, Vati. Nie mehr werde ich dir vorwerfen, daß du so wenig Zeit für uns hast, und schimpfen, weil wir sparen müssen und uns keine hübschen Kleider kaufen können. Versprochen!

Doch es war zu spät. Entsetzt über mich selbst konnte ich mich vor Scham kaum rühren.

Am nächsten Morgen erwähnte mein Vater mit keinem Wort, was sich in der Nacht zugetragen hatte. Er schien den Vorfall – und mich – zu ignorieren. Und das tat mir mehr weh als jede Strafe.

Dennoch war mein Drang zu essen nicht zu bremsen. Meine Eltern versteckten den Küchentürschlüssel erneut, diesmal so, daß ich das Versteck nicht fand. Deswegen kletterte ich nun durch die kleine Durchreiche vom Wohnzimmer in die Küche. Damit kein Licht und kein Laut mich verrieten, hockte ich im Dunkeln auf dem Fliesenboden und schmierte meine Honigbrote. Anschließend schlich ich ins Bad, übergab mich und kroch zurück in mein Bett, voll heimlicher Freude darüber, daß ich alle ausgetrickst hatte. Manchmal schlug diese Freude allerdings in grenzenlosen Selbsthaß um, und ich verachtete mich für meine unkontrollierbare, abgründige Gier, diesen ewigen, abartigen Hunger. Ich schwor, am nächsten Tag nichts, aber auch gar nichts zu essen. Keinen Bissen.

Zwang ist eine dunkle Gewalt. Eine Macht im Keller der Seele. Sehr schwarz.

Zwang ist der Bruder der Verzweiflung und der Vater der Hoffnungslosigkeit. Dein leeres Herz hat Hunger und er – er treibt es durch die Nacht auf der Suche nach Trost. Er kickt es vor sich her, tritt, schraubt es hoch und läßt es fallen auf die harten Erdschollen. Da liegt es dann darnieder und weint.

Zwang treibt die Menschen in die Isolation. Einsam starren sie ins eisige Dunkel, wissend, daß da draußen keine Rettung ist. Nie. Nirgendwo.

Nicht nur ich, auch meine Schwestern flüchteten aus der häuslichen Enge. Annett beispielsweise ging zur katholischen Jugendgruppe.

Seit einer Weile litt sie an Erstickungsanfällen. Es kam vor, daß sie sich plötzlich an den Hals griff und zu hecheln begann, bis sie blau wurde. Genauso plötzlich, wie er begann, endete der Spuk wieder. Meine Eltern führten Annetts Atemnot auf die wachsende Umweltverschmutzung zurück und empfahlen ihr, viel in der freien Natur spazierenzugehen.

Jana, schon immer die Introvertierteste von uns dreien, malte sich in endlosen Tagträumen ein Leben als Schriftstellerin aus; sie hatte einen ausgeprägten Hang, in Phantasiewelten zu leben. Stundenlang spielte sie alleine im Wald hinter unserem Haus und ließ dort ihren Phantasien von einer besseren Welt freien Lauf.

Eines Tages beobachtete ich meine Zwillingsschwester in einer skurrilen Situation: Sie stand vor einem Poster in ihrem Zimmer, einem glutroten Sonnenuntergang hinter tropischen Palmen, und schnüffelte an dem Papier. In der Hand hielt sie eine Flasche Sonnenöl mit Kokosgeruch.

»Spinnst du jetzt total?« rief ich.

»Laß mich, das verstehst du nicht«, gab Jana unwirsch zurück. »Mit diesem Sonnenöl riechen die Palmen wie echte Kokosnüsse.« Ihre Stimme klang gepreßt und trotzig.

»Das kann nicht dein Ernst sein, Jana.«

»Geh und kümmere du dich um deine komischen Diätpläne und deine Modezeitschriften!«

»Nein, ich sehe lieber zu, wie du dich lächerlich machst.«

»Peinlicher war ja wohl, was du mit Mamis Vanillekipferln gemacht hast.«

Mein überlegenes Lächeln verschwand. Kurz vor Weihnachten hatte ich auf meiner Suche nach Eßbarem im Wohnzimmer eine versteckte Dose voller selbstgebackener Kekse entdeckt.

»Das kannst du Mami nicht antun«, hatte Jana empört gerufen, als sie mich mit der fast leeren Keksdose im Arm sah. »Du weißt gar nicht, wieviel Arbeit sie sich mit dem Backen gemacht hat!«

Ich wischte mir die Krümel vom Mund.

»Kauf wenigstens neue Kekse, wenn du sie schon alle auffrißt!« Jana war außer sich, und ich schämte mich für meine Unbeherrschtheit. Nach einer kurzen, peinlichen Pause hatte meine Schwester mit gepreßter Stimme hinzugefügt: »Warum hörst du nicht endlich auf, uns mit deiner Fresserei und deinen Lügen zu tyrannisieren?« Sie hielt mir meine Abartigkeit vor, so wie ich ihr zuvor unter die Nase gerieben hatte, daß sie sich in Scheinwelten flüchtete.

Ich wollte sie nicht spüren lassen, wie sehr mich ihre Worte verletzten. »Immerhin habe ich eine Figur, die sich sehen lassen kann.«

Jana zuckte zusammen. Sieg nach Punkten triumphierte ich innerlich. Ich wußte, daß sie sich für ihre mollige Figur schämte; auch alles Frauliche an ihrem Körper war ihr unbehaglich. Darum versteckte sie sich in weiten Schlabberkleidern vom Flohmarkt, die den muffigen Charme von Müsliszene und Gesundheitsschuhen verbreiteten. Schlagabtäusche wie diese häuften sich. Die Atmosphäre zwischen uns drei Schwestern wurde frostiger.

Auch von meinen Eltern entfernte ich mich innerlich. Vor allem von meiner Mutter. Sie sah, daß etwas mit ihrer Tochter nicht in Ordnung war. Getrieben von ihrem ständigen Bemühen, zu verstehen, zu reflektieren und zu analysieren, mischte sie sich unablässig in mein Leben ein und rückte mir permanent auf die Pelle. Ich versuchte, mich diesem Zugriff zu entziehen. Zwar war mein Hunger ein offenes Geheimnis, doch tat ich nach wie vor alles, um seine tatsächlichen Ausmaße zu kaschieren und auch das regelmäßige Erbrechen möglichst geheimzuhalten. Ich umgab mich mit einem Panzer, hielt meine Mutter auf Distanz, erzählte ihr wenig und entzog mich ihren Umarmungen.

Manchmal sehnte ich mich nach ihrer Liebe, nach vorbehaltloser, mütterlicher Liebe; doch was ich fand, waren ohnehin nur die Ratschläge einer gottestreuen Hobbypsychologin. Ihre Bitten, ich möge doch endlich zu Gott und seiner unendlichen Güte finden, waren mir völlig egal. Es erstaunte mich zu sehen, wie wenig meine Mutter von mir wußte. Lieber verließ ich mich auf mich selbst.

Ich war inzwischen sechzehn und alt genug, eigene Wege zu gehen. Niemals im Leben wollte ich so werden wie sie. Wegen der konsequenten Kotzerei würde mir das – zumindest körperlich – auch gelingen: Ihren Bauch und ihren Busen würde ich nie haben, das wußte ich mit Sicherheit.

An einem Vormittag im Sommer streifte ich durch Graz, von einer Konditorei zur nächsten. Beim Frühstück war es mir noch gelungen, meine Gier zu zügeln; ich hatte mich mit drei Scheiben Honigbrot zufrieden gegeben, obwohl ich zehn hätte essen können. Später bekam ich rasenden Hunger. Um nicht unangenehm aufzufallen, bestellte ich nirgendwo mehr als zwei Stück Kuchen. Meine Mutter hatte mir am Morgen 150 Schilling gegeben, denn ich hätte eigentlich mit meiner Klasse ins Schwimmbad gehen sollen. Für die letzten 25 dieser 150 Schilling servierte mir der Ober gerade Sachertorte.

Es geschah in dieser Zeit häufiger, daß ich den Schulunterricht schwänzte. Manchmal verschwand ich stundenweise ins Kaffeehaus, manchmal fälschte ich die Unterschrift meiner Mutter, um mich für einen ganzen Tag abzusetzen. Manchmal stellte ich mich auch morgens nach dem Aufwachen krank; und oft fühlte ich mich tatsächlich zu erschöpft um aufzustehen.

Ich war immer eine gute Schülerin gewesen, ohne daß ich mich für meine Noten großartig hätte anstrengen müssen. Deswegen hatte ich keinerlei Probleme, dem Unterricht zu folgen, als ich begann, vereinzelt zu schwänzen. Im Gegenteil, ich gehörte nach wie vor zu den Besseren in der Klasse. Unter den Lehrern galt ich als gescheites und vernünftiges Mädchen. Dieser Bonus half mir. Man dachte allgemein, ich stecke in einer schwierigen Phase der Pubertät, und dabei ließ ich es auch gerne bewenden.

In der achten Klasse sackten meine Leistungen dann allerdings rapide ab, und ich hatte bald mehr Fehl-

als Anwesenheitsstunden. Es bereitete mir zunehmend Probleme, mich auf den Unterricht zu konzentrieren. Außerdem hielt ich es keine sechs oder acht Stunden mehr ohne Essen aus. Einige Lehrer fragten, ob ich Probleme hätte; meine Antwort war immer dieselbe: Alles in Ordnung, danke, das wird schon wieder, ich hab's im Griff. Ich hatte nicht vor, irgendeinen Außenstehenden in das Geheimnis meiner perversen Esserei einzuweihen.

Schließlich drohte der Rektor, mich von der Schule zu verweisen. Der Landesschulinspektor kam angereist, um mit mir ein Gespräch unter vier Augen zu führen. Ich sagte, daß ich ein paar persönliche Probleme hätte, doch die würde ich schon lösen. Da der Inspektor meine Eltern kannte und wußte, daß mein Vater Diakon war – was ihn in Oberösterreich zu einer Art unantastbaren Figur machte –, hielt er meine Probleme wohl ohnehin nicht für allzu gravierend. Die Tochter vom Diakon, ja also bittschön, was soll die schon haben . . . Vielleicht hatte er auch Angst, sich zu weit aus dem Fenster zu lehnen und sich in Dinge einzumischen, die ihn nichts angingen. Er redete jedenfalls beschwichtigend auf den Rektor ein und gab mir abschließend die Telefonnummer einer Beratungsstelle. Artig versprach ich, dort anzurufen.

Später warf ich den Zettel weg und freute mich, daß es mir einmal mehr gelungen war, alle an der Nase herumzuführen.

Trotzdem hatte mich der drohende Schulverweis eingeschüchtert. Ich gab mir Mühe, wieder regelmäßig zu erscheinen und mich am Unterricht zu beteiligen. Nach außen versuchte ich, einen unangreifbaren Eindruck zu machen; doch hinter dieser Kulisse mußte ich viel Kraft aufbringen. Vielleicht war dieses zermürbende Doppelleben der Grund dafür, daß ich mich einer Lehrerin gegenüber schließlich doch öffnete.

Ich selbst hatte bei ihr keinen Unterricht, wir sahen uns nur in den Pausen auf dem Schulhof. Sie sprach mit mir wie mit einem gleichberechtigten Menschen. Ich mochte sie. Ich begann, ihr zu vertrauen. Eines Tages lud sie mich auf einen Kaffee zu sich nach Hause ein. Zögernd begann ich, ihr von der Atmosphäre bei uns zu Hause zu erzählen. Von meiner Mutter und ihren gutgemeinten Ratschlägen. Von dem Erwartungsdruck, den ich noch deutlicher spürte, seit meine Leistungen nachgelassen hatten. Ich sei doch so ein vernünftiges Mädchen, klagten meine Eltern immer wieder.

Mitten in dieses Gespräch platzte der Mann der Lehrerin. »Stellt euch vor, was heute passiert ist!« Er setzte sich zu uns an den Tisch und erzählte, daß sich herausgestellt hatte, daß zwei Mädchen aus seiner Klasse – er war ebenfalls Lehrer, aber an einer anderen Schule – regelmäßig alles, was sie aßen, erbrachen.

»Die essen und kotzen und essen und kotzen, ich kann es kaum fassen.«

Kurz darauf verabschiedete ich mich.

Jeder in der Familie hielt mich für gierig, unbeherrscht und egoistisch. Ich selbst ging sogar noch weiter: Ich hielt mich für pervers. Trotzdem hinterfragte ich meine immense Lust zu essen nie; ich nahm sie als gegeben hin. Und da ich Wert darauf legte, mich von meinen Eltern und ihrem katholischen Milieu abzuheben, gefiel mir mein Anderssein sogar.

Niemand kam auf die Idee, daß ich ernsthaft krank

war, bis meine Mutter mich zu dem Psychologen brachte, den meine Eltern im Rahmen ihrer Ehetherapie kennengelernt hatten. Ich wog zu der Zeit knapp 57 Kilo und erbrach mich längst nicht mehr, um abzunehmen, sondern um mein Gewicht zu behalten. Es wurde beständig schwieriger, meine überschlanke Figur zu halten, weswegen ich meist schlecht gelaunt, gereizt oder depressiv war.

»Nach allem, was Ihre Mutter mir über Sie erzählt hat, scheinen Sie unter einer Eßstörung zu leiden.« Mit diesen Worten begrüßte mich der Therapeut und forderte mich auf, Platz zu nehmen. »Eine Eßstörung ist eine ernsthafte Krankheit, Sie brauchen Hilfe.«

Ich teilte seine Meinung nicht. Zwar hielt ich selbst mich für abnorm, aber das würde ich ihm nicht auf die gelehrte Nase binden. Ansonsten war ich ein normales junges Mädchen, das auf seine Figur achtete. Ganz eindeutig keine Kandidatin für seine Klinik voller Psychopathen, Neurotiker und sonstiger Geisteskranker. Nein danke, ich brauchte keine Hilfe. Solange es mir gelang, auf die zentralen Fragen meines Lebens – wie komme ich an Essen, wie komme ich aufs Klo, wie komme ich an Geld? – eine Antwort zu finden, hatte ich alles im Griff. Nach einem kurzen Gespräch verabschiedete ich mich, fest entschlossen, sie kein zweites Mal zu betreten.

Meine Mutter ließ nicht locker und schleppte mich weiterhin zu Ärzten, Priestern und Psychologen. Der erste Pfarrer sagte, ich sei auf dem sündhaften Weg. Der zweite tat das viele Essen als Pubertätserscheinung ab; das würde sich legen, wenn ich verheiratet wäre. Ein Arzt griff zu Antidepressiva, sein Kollege machte hormonelle Störungen verantwortlich. Die Psychologen wiederum schienen manchmal gar nicht zu begreifen, worum es überhaupt ging; sie konnten meine Symptome wohl nicht einordnen.

Zu Hause bekam ich Bücher, die helfen sollten, den hemmungslosen Hunger zu besiegen wie »Die heilende Kraft des Gebetes« und anderes aus dem Sortiment katholischer Lebenshilfefibeln. Ich wehrte alle Hilfsangebote ab. Niemandem würde es gelingen, mir nahezukommen. Ich, ausschließlich *ich* hatte die Kontrolle über mein Leben.

Nachdem ich das Gymnasium abgeschlossen hatte, immatrikulierte ich mich an der Universität in Salzburg. Bis zum Schluß hatte ich nicht gewußt, welches Fach ich belegen sollte; wie von einer unsichtbaren Hand gelenkt, kreuzte ich schließlich »Psychologie« an; dieses Metier war mir ja schon vertraut. Aber bevor das Semester begann, flog ich erst einmal in die USA.

Die Abschlußreise mit der Schulklasse nach Korsika hatte ich mir nicht leisten können. Im Zuge ihrer liberalen Erziehungsexperimente hatten meine Eltern mit uns Töchtern nämlich vor Jahren eine Vereinbarung getroffen: Wir bekamen unser Taschengeld jährlich ausgezahlt und mußten es selbst verwalten. Die Kosten für die Matura-Reise, also meine Klassenfahrt nach dem Abitur, waren darin enthalten. Als es nun soweit war, hatte ich mein Geld bereits für Cremetorten, Plundergebäck und andere Fressalien ausgegeben.

Natürlich hatten meine Eltern mitbekommen, daß ich nicht wegfahren konnte und wichen einmal von ihrem Prinzip ab. Sie finanzierten mir einen Flug nach Amerika, denn sie hofften, daß ein Ortswechsel mir guttäte. Zu dieser Zeit arbeitete Annett in Denver als Au-pair-Mädchen, und ich würde für ein paar Wochen bei ihrer Familie wohnen können.

Eigentlich war ich ganz froh, daß aus der Klassenfahrt nichts geworden war, denn es wäre wohl schwierig geworden, irgendwo in der französischen Wildnis, eventuell sogar auf einem Campingplatz, meine Hungerattacken und das regelmäßig Erbrechen vor dreißig Mitschülern, zwei Lehrern und zahllosen anderen Urlaubern zu verbergen. Zudem war ich gegen Ende meiner Schulzeit bei meinen Mitschülern nicht gerade sehr beliebt; ich galt als launisch. Das ständige Essen und Hungern machte mich sehr stimmungsanfällig. Gelang es mir, meine Gier zu beherrschen oder sogar abzunehmen, war ich euphorisch. Scheiterte ich, verfiel ich in tagelange Depressionen. Drohte ich die Kontrolle über mein ausgeklügeltes System der Heimlichkeiten zu verlieren, packte mich blanke Angst. Außenstehende konnten sich diese zum Teil rasanten Stimmungsschwankungen nicht erklären. Meine Klassenkameraden hatten deshalb beschlossen, ich sei etwas spinnert. Mir erschien dieses Negativimage als das kleinere Übel – besser, als wenn jemand die wahre Ursache meiner Unberechenbarkeit gekannt hätte.

In den USA sollte ich erstaunliche Erfahrungen machen. »Hier«, so hatte Annett mir geschrieben, »ist dein ständiger Hunger ein bekanntes Phänomen.« Es gäbe sogar Kliniken, die sich auf die Behandlung verschiedener Eßstörungen spezialisiert hätten. Ihr Angebot, sich für mich nach einem Therapieplatz umzuhören, lehnte ich allerdings dankend ab, denn schließlich war ich nicht krank – ich hatte nur relativ oft relativ großen Hunger.

Trotzdem flog ich nach Denver.

Der Flug war ein Horror. Die Toiletten im Flugzeug waren so eng, daß an ein unbemerktes Erbrechen nicht zu denken war. Während des gesamten Fluges nuckelte ich also an den Getränken, die die Stewardessen reichten, und aß keinen Bissen.

Ich war froh, als wir in Chicago einen Zwischenstopp machten.

Staunend sah ich mich in den Flughafenhallen um. Mein erstes Mal in Amerika. Neugierig sog ich das Fremde ein. Die rasierten Beine der Amerikanerinnen fielen mir auf. Und die Snackstände mit geschichteten Sandwiches und süßen Doughnuts. Ich war müde, mein Körper tickte noch im europäischen Rhythmus. Und ich hatte brüllenden Hunger. Doch all die Nahrungsmittel, die ich noch nie gesehen hatte, schüchterten mich ein.

Bisher war ich zwischen Leberkäse und Briochewekken zu Hause gewesen. Wenn ich essen wollte, wußte ich, wonach ich greifen mußte. Ich hatte meine speziellen Keksmarken, meine Sorte Buttermilch, ich kannte die billigsten Marmeladen, die sich zudem besonders gut hochwürgen ließen. Mit der heimeligen Sicherheit, die mir das Bekannte, das Vertraute gab, hatte ich bislang meinen Alltag organisiert. Hier mußte ich mich erst neu orientieren.

Vor einem Pizzastand blieb ich schließlich stehen. Ich ließ mir Zeit bei der Auswahl. Eine Pizza mit dünnem Boden und harten Rändern kriegt man nur unter Qualen wieder hoch. Doch diese hier waren weich und dick und saftig. Ich entschied mich für eine Schinken-Käse-Pizza. Ein Becher Coca-Cola – typisch amerikanisch und so groß, daß wir ihn in Europa als Eimer bezeichnet hätten –, würde helfen, das Ganze gründlich einzuweichen.

Als ich am Tisch saß, verschlang ich die Pizza mit wenigen Bissen. Zwölf Stunden ohne Essen – das hatte es seit Jahren nicht mehr gegeben. Mein Hunger kreischte und mein leerer Magen stand kurz vor dem Kollaps.

Nacheinander holte ich mir von einem Büfett neben dem Pizzastand noch drei Cheeseburger, Fleischbällchen, eine Schale Mixed Pickles, Käsekuchen, Fruchtgelee, eine Riesenportion Schokoladeneiscreme und zwei Doughnuts. Als ich zum vierten Mal an der Kasse erschien, stutzte die Kassiererin immer noch nicht. Ich war erstaunt.

Auch die anderen Reisenden nahmen keinerlei Notiz von den Portionen, die ich heranschleppte und verschlang. Niemand interessierte sich hier für den anderen.

Ich genoß diese grenzenlose Unauffälligkeit, diese Anonymität. Noch nie hatte ich mir in einem Restaurant so viel Zeit gelassen. Kauend sah ich durch die hohen Fenster hinaus auf das Rollfeld. Im Minutentakt hoben die Flugzeuge ab. Eine Stunde, nachdem ich mich hingesetzt und zu essen begonnen hatte, hörte ich den ersten Aufruf für meinen Anschlußflug. Beim zweiten Aufruf griff ich fast wehmütig meinen Mantel und die Handtasche.

In der Abflughalle steuerte ich als erstes auf die Toiletten zu. Dort packte mich blankes Entsetzen: Die Toilettenkabinen waren sozusagen öffentlich. Die Türen schlossen nicht dicht ab, sondern ließen einen schmalen Schlitz neben dem Türrahmen offen. Oben lugten vereinzelt Hochfrisuren über den Rand, unten endeten die Türen etwa einen halben Meter über dem Boden. Jede der Frauen in der Warteschlange würde meine verkehrt herum vor dem Klo stehenden Füße sehen. Alle würden mich würgen hören. Ich drehte abrupt um und ging wieder hinaus.

Ich schaute auf meine Armbanduhr. Eine Viertelstunde bis zum Abflug. Voller Panik rannte ich quer durch die Halle, betend, irgendwo andere Toiletten zu finden. Dann ein Schild – *Ladies' room*. Ich raste darauf zu. Wieder diese Türen, die aussahen wie die Schwingtüren eines Wildwest-Saloons. Ich war schon völlig außer Atem, aber eins war klar: Die 4.500 Kalorien, die ich in der vergangenen Stunde in mich hineingestopft hatte, würden hier in Chicago bleiben.

Entschlossen stürzte ich in eine der Kabinen und bekam prompt den nächsten Schreck. Die Kloschüsseln hier waren bis knapp unter den Rand mit Wasser gefüllt. Würde ich mich übergeben, würden die halbverdauten Reste meiner Freßwut mich von oben bis unten bespritzen. Vielleicht würde die Schüssel sogar überlaufen. Egal.

In Windeseile zog ich mein Kostüm aus und erbrach mich. Keine Überschwemmung. Niemand sagte etwas, als ich aus der Kabine herauskam. Ich raste zum Gate 28.

Nach dem Start ging ich zur Bordtoilette und wusch mir ein paar Spritzer Erbrochenes aus den Haaren.

Kurz vor der Landung in Denver sprühte ich einen leichten Nebel *Giorgio*, den Modeduft der achtziger Jahre, auf mein Dekolleté. Unauffällig knöpfte ich meinen Rock zu. Mein Bauch spannte und drückte wegen der anhaltenden Blähungen. Ich zwängte mich in die neuen, farblich auf das Leinenkostüm abgestimmten Pumps. Auch sie kniffen, aber darauf konnte ich jetzt keine Rücksicht nehmen. Ich prüfte den Sitz meines seidenen Halstuches.

In der Ankunftshalle stand Annett hinter der Absperrung und hielt Luftballons in der Hand, auf die sie in bunten Buchstaben *Welcome* gepinselt hatte.

»Hast du dich verletzt?« fragte sie, noch bevor sie mich begrüßte.

»Nein. Wieso?«

»Du läufst so komisch.«

Über ein Jahr hatten wir uns nicht mehr gesehen. Ich gab mir Mühe, ihr ein perfektes Äußeres zu präsentieren, und sie sah als erstes den Kratzer im Lack.

»Meine Beine sind eingeschlafen, die Sitzreihen waren sehr eng.«

Als wir ins Auto stiegen, hatte ich mich wieder völlig in der Hand. Nichts verriet, was auf dem Flughafen in Chicago geschehen war. Kichernd und ausgelassen fuhren meine Schwester und ich zu ihrer Au-pair-Familie.

Daniel, seine Frau Carrie und ihre beiden Söhne Tim und Jonathan waren eine typische amerikanische Familie und auch ihr Haus sah so aus, wie ich es mir vorgestellt hatte – man fuhr mit dem Auto fast bis in die Küche.

Carrie saß die meiste Zeit des Tages vor dem Fernseher. Daniel war Besitzer eines Computergeschäftes, in dem er praktisch Tag und Nacht verbrachte. Das einzige, was ihr amerikanisches Glück störte, war die Tatsache, daß der vierjährige Tim behindert war. Er war spastisch gelähmt, konnte sich kaum bewegen und auch nicht sprechen. Daniel ignorierte seinen Sohn nahezu vollständig; Annett aber kümmerte sich sehr um ihn, was der Kleine mit leuchtenden Augen und wilden, begeisterten Zuckungen beantwortete. Auch ich schloß Tim ins Herz.

Das Verhältnis zwischen Annett und mir war ungeachtet der etwas gewöhnungsbedürftigen Lebensverhältnisse ihrer Au-pair-Familie in diesen Tagen leicht und unbeschwert. Wenn Carrie und Daniel am Samstag mit den Kindern aufs Land fuhren und wir das Haus für uns hatten, lümmelten wir stundenlang auf unseren Betten herum und redeten über Gott und die Welt. Es war, als könnten Annett und ich uns in dieser fremden, ungewohnten Umgebung unsere Beziehung ganz von vorne beginnen. Frei von der drückenden Atmosphäre in unserem Elternhaus und allen Spannungen.

Leider dauerte diese Harmonie nur so lange, bis Carrie die leeren Bonbonnieren entdeckte.

Ich hatte an jenem Abend kaum etwas gegessen. Aber als ich im Bett lag, konnte ich trotzdem nicht einschlafen: Meine Gedanken kreisten um das, was ich gegessen hatte. Im Geist zählte ich die Kalorien zusammen; ich kannte die Nähr- und Kilojoulewerte sämtlicher Lebensmittel, die ich zu mir nahm. Ich kam auf 980, rang jedoch mit einer Unbekannten in dieser Rechnung: Zweimal hatte ich mich übergeben – wieviel konnte ich dafür abziehen? Wieviele Kalorien hatte mein Körper in der kurzen Zeit, bis ich zum Klo ging, doch aufnehmen können? Mein absolutes Tagesmaximum hatte ich auf 1.000 Kalorien festgesetzt, anders war mein Gewicht von 55 Kilo nicht zu halten. Möglicherweise hatte ich dieses Limit überschritten.

Um zwei Uhr nachts lagen meine Nerven blank. Ich stand auf.

Mit nackten Füßen tappte ich über den Fliesenboden des Kellers. Das Haus war still, alle schliefen. Ich öffnete die Türen eines alten Schrankes. Es faszinierte mich, in die Privatsphäre fremder Leute einzudringen, wenn ich mich unbeobachtet wußte. Auf eine sonderbare Weise hielt die Wirklichkeit dann für einen Moment inne, und ich konnte mir die Normalität dieser Leute anziehen wie ein ausgeliehenes Kleid. Ich spähte in ihre Schubladen, nahm fremde Dinge in die Hand und schlüpfte in jene gewöhnliche, alltägliche Normalität, die mir selbst fehlte.

Dabei entdeckte ich die Schachteln. Sie lagen im untersten Fach. Ich erschrak, denn daß die Süßigkeiten hier verborgen lagen, bedeutete, daß man sie vor mir versteckt hatte. Daß ich sie dennoch gefunden hatte, gab mir ein kleines, köstliches Gefühl von Triumph. Andächtig strich ich über Kartons mit edelsten Schweizer Schokoladen und Pralinés. Ich hatte keine Eile, niemand würde mich hier unten hören.

Ich breitete die Funde auf den Boden aus und begann zu kosten. Zuerst die Schokoladenblättchen, die aussahen wie Rosenknospen. Dann einen Marzipan-Nougat-Würfel. Und ein Stück in weiße Schokolade gehüllte Mandelsplitter. Erstaunlicherweise schmeckte die Schokolade staubig. Vielleicht waren die Süßigkeiten doch nicht vor mir versteckt worden, möglicherweise lagen sie einfach seit langer Zeit hier und man hatte sie vergessen. Noch ein Stück Zartbittertrüffel. Dann könnte ich Carrie morgen die Schachteln zeigen und sagen: »Die habe ich gefunden, als ich Jonathans Malstifte gesucht habe. Die Schokolade war so alt, daß sich Schimmel darauf gebildet hatte.« Noch ein Scheibchen Minzschokolade. Die erste Pappschachtel war leer.

Wegwerfen konnte ich sie nicht, schon ein Blick in den Mülleimer würde mich entlarven. Es war besser, die Schachteln wieder im Schrank zu verstecken. Genußvoll biß ich in ein Häppchen Nußkrokant.

In der Küche wärmte ich mir anschließend einen Liter Milch auf; mein Speichel reichte nicht aus, um all die sämige Schokolade einzubreien. Dann ging ich in mein Zimmer, legte eine Videokassette ein, drehte den Ton ab und machte Aerobic mit Jane Fonda. Gemeinsam mit der Milch brachten die Übungen den

Klumpen in meinem Magen in Bewegung. Ich erbrach mich. Zum Schluß tropfte nur noch grüner Magensaft in die Schüssel. Ein gutes Zeichen. Sobald Magensaft hochkam, würde ich in den nächsten Tagen eine Gastritis, bekommen. Und diese Magenschleimhautentzündung, da war ich sicher, würde alle Essensreste, die ich nicht herausbekam, so stark zersetzen, daß ich kein Gramm zunahm. Zufrieden ging ich zurück in mein Bett und schlief ein.

Ein paar Tage später kam Annett wie von der Tarantel gestochen aus dem Haus geschossen, als ich mit Tim im Garten spielte. Wütend zischte sie: »Was hast du getan? Wie konntest du die ganze Schokolade aufessen?« Ich wurde noch roter, als Annett es bereits war, und sagte kein Wort. Meine Schwester schämte sich für mich; ich schämte mich vor ihr und Carrie, obwohl diese sich nichts anmerken ließ.

Später, als Annett sich wieder beruhigt hatte, erzählte sie, daß Carrie auf dem College eine eßgestörte Freundin gehabt habe und solche Freßanfälle gewohnt sei. Vielleicht hatte sie mich deshalb nie direkt auf die leeren Schachteln angesprochen. Sie wußte, worauf sie sich einließ, als sie mich einlud. Trotzdem bat meine Schwester mich inständig, mich im Haus ihrer Au-pair-Familie künftig zu beherrschen.

Während meines Aufenthaltes in Denver überraschte es mich immer wieder, wie selbstverständlich man mit mir und meinem Hunger umging. Es wurde dort sogar öffentlich über Fastenkuren und Diätspiralen diskutiert. In Österreich sprach man höchstens vereinzelt über Magersucht, an der immer häufiger vor allem junge Mädchen litten. Doch waren Berichte in den Medien oder persönliche Gespräche darüber die Ausnahme. Aber die Amerikaner begegneten jedem ungewöhnlichem Eßverhalten relativ offen und nüchtern.

Der Sommer wurde einer der heißesten des Jahrhunderts. In den Fernsehnachrichten wurden für das Wochenende Temperaturen bis zu 43 Grad im Schatten angekündigt. Meine Schwester hatte eine Einladung bekommen, von Lisl, einer geborenen Österreicherin, die als Stewardeß für eine amerikanische Luftfahrtgesellschaft in Denver arbeitete. Sie wohnte mit ihrem Mann und ihren Kindern in einem der Vororte, in einem großzügigen Haus mit Pool.

Annett und ich fuhren hin. Schweigend saßen wir in ihrem Wagen und sausten über den Highway, der Fahrtwind kühlte gnädig unsere schwitzenden Körper. Annett trug ein geblümtes Kleid in zartem Rosa und Sandalen. Ich konnte ihre blassen Waden sehen.

»Ich verstehe nicht, wie du seit über einem Jahr in einem Land leben kannst, in dem jede Frau enthaarte Beine hat, während du dich immer noch weigerst, sie zu rasieren. Als wäre die Rasierklinge noch nicht erfunden worden, vom Ladyshave ganz zu schweigen.« Ich blickte auf meine schlanken, glatten Beine; trotz der Hitze trug ich Pumps.

»Mich stört es nicht«, antwortete Annett. »Und Andrew mag mich, wie ich bin.« Andrew war der Mann, um den Annetts Gedanken kreisten, seit sie vor einigen Monaten an einem Ausflug einer christlichen Gemeinde teilgenommen hatte.

»Ich verstehe es trotzdem nicht«, insistierte ich. »Ich glaube, es gibt kein zweites Land auf der Welt, wo die Dinge so einheitlich sind. Alles hier sieht genormt aus. Schau dir die Häuser da drüben an.« Wir fuhren an einer dieser neu angelegten Siedlungen vorbei, die auf den Wiesen vor der Stadt entstanden. Auf parzellierten Grundstücken konnte man Fertighäuser aufstellen, wobei man die Wahl hatte zwischen fünf Modellen: dem »English Country House«, dem »French Mansion«, »Ocean View« und »Sunny Garden« sowie einem Haus namens »Grashopper«. Die Siedlungen glichen einander wie Ostereier in einer Sortimentspackung. Jede Individualität reduzierte sich auf die Entscheidung zwischen zwei Sorten Dachziegeln und die Wahl der Fliesen für die Veranda.

»Nur du scherst aus der Ordnung aus.«

»Andrew mag natürliche Frauen.« Meine Schwester blieb stur. Ich wunderte mich über die Selbstverständlichkeit, mit der sie auf ihre Andersartigkeit bestand.

Als wir unser Ziel schließlich erreichten, kam uns Lisl lachend entgegen und begrüßte uns: »Fühlt euch wie zu Hause!«

Den ganzen Nachmittag über lagen wir unter großen Sonnenschirmen im Garten, plauderten, amüsierten uns und schwammen immer wieder ein paar Runden im kühlen Wasser des Pools. Später ging Lisl in die Küche und machte den Kindern Sandwiches zum Abendessen.

»Ich gehe und helfe ihr.« Annett erhob sich und schlüpfte in ihre Sandalen. Sie war unruhig: Andrew hätte längst da sein sollen. Meine Schwester war offenbar ernsthaft verliebt.

Ich räkelte mich und blinzelte in die Sonne, die jetzt so tief stand, daß der Schirm sie nicht mehr verbarg. Nach einer Weile streifte ich mein Kleid über und ging ebenfalls über den Rasen in Richtung des Hauses. Auf der Terrasse hatte jemand eine Schale mit frischen Trauben und eine Platte mit Käse auf den Tisch gestellt. Ich spürte leisen Hunger. Oben hörte ich Lisl mit den

Kindern schimpfen, die weder unter die Dusche noch ins Bett wollten.

Ich kostete ein Stück Käse und ein paar Nüsse, die als Verzierung über den Plattenrand gestreut waren. Der Käse war köstlich. Ich nahm gleich noch ein Stück. »Fühlt euch wie zu Hause« – Lisls Worte klangen in meine Ohren nach. In meinem Magen machte sich Gier breit. Mit der Platte in der Hand ging ich hinein in die Küche.

Kurze Zeit später war alles vorbei. Mit der rechten Hand wischte ich einen Sahnespritzer von meinem Kleid, mit der Linken stülpte ich den Deckel auf den leeren Siphon. Ich stellte ihn zurück in den Kühlschrank, schob die Käseplatte und einen Teller, auf dem Truthahnscheiben gelegen hatten, in die Spülmaschine, und ging hinaus auf die Terrasse, als wäre nichts geschehen.

Auf einem der Liegestühle lag ein Buch. Ich begann zu lesen. Kurze Zeit später kam Lisl.

»Hast du die Trauben und den Käse gefunden?« Ich gab einen kaum zu identifizierenden Laut von mir und hielt ihr das Buch entgegen.

»›Das Schloß‹ von Franz Kafka«, rief ich, »ich bin ganz erstaunt, wie gut sich seine Texte ins Englische übersetzen lassen.« Angriff ist die beste Verteidigung; mit meiner Ablenkung versuchte ich, meine Verlegenheit zu kaschieren.

»Wenn du willst, leihe ich dir das Buch gern aus«, antwortete Lisl. »Es wäre eine gute Übung für dich.«

Annett kam dazu und wir redeten über Österreich und über Heimweh. Über den Käse sprach niemand mehr. Irgendwann im Laufe des Gesprächs stand ich auf, ging zur Toilette und übergab ihn der städtischen Kanalisation.

Gegen sieben Uhr erschien endlich Andrew. Er war im Büro festgehalten worden und hatte den ganzen Tag über nichts gegessen.

»Ich sterbe vor Hunger!«

»Es gibt ein sehr gutes mexikanisches Restaurant hier draußen«, sagte Lisl.

»Was ist – kommt ihr mit?« Andrew sah uns an. »Ich lade euch ein!«

»Ich kann nicht, wegen der Kinder«, bedauerte Lisl. Annett nahm die Einladung an. Fragend sah Andrew zu mir herüber. Ich wußte, daß meine Schwester ihm von meinem unstillbaren Hunger erzählt hatte und war verlegen. Andrew schien seinerseits unsicher zu sein, wie er mir begegnen sollte. Im nächsten Moment fragte er mich unverblümt: »Hast du auch Hunger?«

Meine akute Gier hatte ich gestillt; während der nächsten Stunden würde ich mich perfekt beherrschen können. »In ein mexikanisches Restaurant?« rief ich forsch. »Das ist eine großartige Idee. *Vamos!*«

Es wurde ein ausgelassener Abend.

Anfangs irritierte mich die Vorstellung, daß Fremde von meinem Hunger und meiner Gier wußten – ohne daß sie mich deswegen für abnorm oder geistesgestört hielten. Mit der Zeit allerdings empfand ich es als erleichternd, nicht mehr alle meine Kräfte aufbieten zu müssen, um ein perverses Geheimnis vor meiner Umwelt verborgen zu halten. Als ich am Ende des Sommers nach Österreich zurückflog, mußte ich mich wieder umstellen; mein übermäßiger Hunger war nun wieder tabu.

Kurz nach der Rückkehr zog ich mit einer Matratze und einem Sack voller Kleider in eine Wohngemeinschaft in Salzburg. Ich teilte mir die etwas heruntergekommene Altbauwohnung mit Toni, meinem damaligen Freund, sowie zwei anderen Kommilitonen. Wir hatten eine gemeinsame Kasse, aus der wir die Einkäufe bestritten; geputzt wurde abwechselnd.

Diese Art der Haushaltsführung stellte mich bald vor neue Herausforderungen, was die Organisation meines hungrigen Alltags anging. Es dauerte nicht lange, bis George beim Saubermachen meine geheimen Vorräte entdeckte.

»Hast du Angst vor einem Notstand?« zog er mich auf. »Oder daß morgen der Dritte Weltkrieg beginnt und die Supermärkte schließen?«

Richtig sauer wurden er und die anderen, als sie bemerkten, daß ich die Kassenzettel für meine Hamsterkäufe in die Haushaltskasse gelegt hatte. Ab dem Moment war ihr Verständnis dafür, daß ich manchmal etwas mehr aß als sie, gleich null.

Ich erklärte mein Zimmer zu meinem privaten Bereich, in dem künftig niemand außer mir selbst mehr saubermachen durfte. Schwieriger war es, das Essen, das ich brauchte, ausschließlich von meinem eigenen Geld zu bezahlen. Meinen Lebensunterhalt bestritt ich einerseits durch Unterstützung von meinen Eltern und andererseits durch die Ausbildungsbeihilfe vom Staat. Das Budget war selbst für »normale« Esser knapp bemessen, doch meine enormen Ausgaben für Lebensmittel deckte es gar nicht. Also ernährte ich mich in dieser Zeit von allem, was billig war: Weißbrot, Haferbrei und Pasta.

Und doch fühlte ich mich auf eine seltsame Art unter Gleichgesinnten in dieser Wohngemeinschaft. Wir alle rebellierten auf irgendeine Weise gegen unsere Umwelt. Abends trafen wir uns oft in der Küche, und meist standen eine Schüssel mit Spaghetti und ein Topf voll Gorgonzolasoße auf dem Tisch. George, der Politikwissenschaft studierte, diskutierte leidenschaftlich gern darüber, ob unsere Generation sich von der von '68 unterschied, und wenn ja, inwiefern.

»Was ist anders?« rief er in die Runde und strich sich zum hundertsten Mal seine blonde Mähne aus dem Gesicht. Eigentlich sah er nicht aus wie der geistige Vater der nächsten Weltrevolution, sondern wie jemand, der seine Tage auf einem Surfbrett vor Maui verbringen sollte.

»Wir scheißen heute auf die Zwänge von Herkunft, Klasse und Einkommen, aber wir tragen alle Öko-Klamotten und gehorchen damit der Kleiderordnung der neuen Elite!« Einmal in Rage, ließ er nicht locker. »Was zählt, ist immer der gruppendynamische Effekt.«

»Ja«, nickte Paul. »Jeder hat seine Uniform. Guckt euch doch die Techno-Szene an: Die haben ihre hämmernden Rhythmen, je härter desto besser, und definieren sich über ihren geilen Raves und geheimen Parties. Wer weiß, wann wo was läuft, ist dabei und gehört dazu. Das ist auch Gruppendruck.«

»Wir sind anders. Aber alle sind gleich.« Toni streckte Carl Michael Belcredi, unserem WG-Kater, den wir nach dem Wettermann im österreichischen Fernsehen benannt hatten, ein Stück in Gorgonzolasoße getauchtes Weißbrot hin. Carl Michael rümpfte die Nase und wandte sich ab. Und ich grübelte über den Sinn dieser kryptischen Äußerung nach.

»Ist doch alles egal«, sagte George, wenn am Ende des Abends der Prosecco alle war. »Die Welt ist nicht mehr zu retten – *let's go and study!*«

Ein paar Jahre später gab ein Buch uns und unserem Lebensgefühl einen Namen: »Generation X« von Douglas Coupland. Wir waren eine Generation, die sich damit herumschlug, daß es keine wirklichen Ziele im Leben zu geben schien. Alles war schon versucht worden, die Revolution, die Emanzipation, die Utopie von Sozialismus und Gerechtigkeit für alle. Die Babyboomer-Generation vor uns war angetreten, die Welt zu verändern, und sie war gescheitert. Heute warfen uns die frustrierten, hoffnungslos gestrigen Hippies der 68er-Generation vor, wir würden uns zu konsumsüchtigen Egozentrikern entwickeln und sämtliche Ideale verraten. Doch was hätten wir tun können? Die Politiker entpuppten sich als ein Verein korrupter, machtverliebter Technokraten, und sich auf Demos die Füße plattzustehen, dazu hatten weder ich noch die anderen Lust.

George, Paul und Toni zogen ihre Konsequenzen und flüchteten in die Cyberwelt. Stunden, ja ganze Nächte hockten sie an ihren Computern. Ich entzog mich der allgemeinen Düsternis und Sinnleere, indem ich aß, meinen Körper in Form brachte und Modemagazine las.

So verging das erste Semester. Ich war nicht sehr häufig in der Uni und zog es vor, kein Geld für Bücher und Unterlagen auszugeben, sondern in Lebensmittel zu investieren. Zudem war ich oft nervös und hatte große Schwierigkeiten, mich über einen längeren Zeitraum zu konzentrieren. Wenn ich überhaupt die gelehrten Hallen betrat, dann meist, um in der Mensa billig zu essen. Mitunter saß ich aber doch in einer der Vorlesungen und erlebte dabei geradezu groteske Szenen.

Vorne referierte der Dozent über Psychiatrie und die biochemischen Methoden der modernen Hirnforschung. Ich schrieb in Stichworten mit. In meinem Körper liefen unterdessen ebenfalls biochemische Reaktionen ab. Mir fiel der Apfelstrudel ein, den ich am Morgen in der Mensa gesehen hatte.

Ich schob das Bild beiseite und konzentrierte mich auf die Vorlesung: ›*Durch neuere biochemische Untersuchungen scheint ein Einblick in die Pathogenese endogener Psychosen möglich geworden zu sein.*‹

Das Bild kam wieder, es schob sich über die Sätze, die ich hörte, die Worte, die ich schrieb.

– Nein! Es gibt jetzt keinen Strudel!

›*Die Neurophysiologie hat mittels der Elektroencephalographie vor allem die Epilepsie- und Schlafforschung gefördert.*‹

– Ich könnte in der Mittagspause in die Kantine gehen, ich habe 50 Schilling dabei. Das Mittagsmenü kostet nur 30 Schilling.

›*Die Hirnforschung kann morphologische Anomalien als Korrelate psychischer Störungen aufzeigen.*‹

– Wie könnte ich es arrangieren? Toni sitzt gerade in einem Architekturseminar. Er würde sicherlich anschließend essen gehen. Ich möchte aber von niemandem gesehen werden, den ich kenne, denn dann müßte ich mich beherrschen. Lieber wäre es mir, ich würde untergehen in der Anonymität der Mensa; dann wäre ich frei und müßte auch keinen Alibirest auf dem Teller übrig lassen.

Ich wurde nervös.

– Ich könnte das Menü essen und etwas später noch einmal wiederkommen. Einen Strudel und etwas Kakao zum Einbreien, hinterher zur Toilette – ich wäre trotzdem pünktlich zur nächsten Vorlesung wieder hier.

›*Meine Damen und Herren, vielen Dank. Wir sehen uns in der kommenden Woche.*‹

Ich stand auf und ging in die Kantine.

Angst begleitet dich bei Tag und Nacht. Sie spricht zu dir und sagt: Du bist klein!
Angst hat eine kalte Hand. Du frierst.

Angst packt dich im Genick, und du strauchelst. Fällst. Lauter Dornen, überall.

Angst zu versagen. Angst, allein zu sein. Angst vor dem Untergang. Wenn du ißt, verschwindet die Angst. Dann wird es licht, ein heller Raum, die Sonne wärmt.

Obstsalat, Nudeln, Honigbrot und Marzipan. Essen tut gut. Kekse sind Freunde, und Torten killen jede Angst. Du wirst groß. Du wirst stark. Du wirst ruhig.

Plötzlich ist da keine Angst mehr, nur Ruhe. Weite, selige Ruhe.

Doch sie kommt wieder, kalt und klirrend; sie läßt dich nicht im Stich.

Eines Morgens wachte ich wieder hungrig auf, besessen von dem Gedanken an etwas Eßbares. Ich tappte in die Küche und fand ein halbes Brötchen, das verloren in der Brotdose lag. Schnell verschlang ich es und gierte nach mehr. Doch ich hatte kein Geld und mußte warten, bis einer von den anderen aufstand und zum Bäcker ging. Es war noch früh, erst halb sieben; so lange würde ich es nicht aushalten. Ich blätterte in einem Kochbuch und versuchte, mich zu konzentrieren. Nach einer schier endlosen halben Stunde schlich ich zitternd in Tonis Zimmer, zog leise sein Portemonnaie aus seiner Lederjacke und nahm 50 Schilling heraus. Damit konnte ich sogar zwanzig Brötchen kaufen.

Erst als die Beute verschlungen war und mein Gehirn wieder normal funktionierte, bekam ich Gewissensbisse: Ich hatte meinen Freund bestohlen. Gut, es war kein hoher Betrag gewesen, aber das war nicht ausschlaggebend. Wie weit würde ich das nächste Mal gehen? Ich bekam Angst vor mir selbst.

Mein Leben drehte sich immer ausschließlicher ums

Essen und Kotzen und das reibungslose Organisieren von beidem. Nachts wachte ich mit Hungerphantasien auf. Tagsüber saß mir die Angst vor dem nächsten Freßanfall im Nacken oder davor, daß mein Geld nicht reichen würde, ihn zu finanzieren. An manchen Tagen kam ich hungrig in die Küche, und der WG-Kühlschrank war leer; dann rannte ich panisch zum Bäcker.

Mein Körper war ausgelaugt vom häufigen Erbrechen. Bis zu sechsmal täglich stopfte ich mich mit billigem Weißbrot und ähnlichem Plunder voll, um mich anschließend zu übergeben. Meine Mundwinkel waren offen und brannten beim Brechen wegen der Magensäure. Meine Haare besaßen keine Spannkraft mehr, sondern fielen lasch über die Schultern, waren glanzlos, fahl und struppig wie das Fell eines kranken Tieres. Mein Zahnfleisch ging zurück und der Magen schmerzte. Aber ich mußte essen. Ich mußte! Und wenn ich gegessen hatte, ertrug ich es nicht, mit diesen Mengen von Essen in meinem Körper zu leben, den abertausend Kalorien, die von den Magenwänden absorbiert und durch den Körper transportiert würden, damit sie sich an den Hüften oder Schenkeln als fiese Fettzellen absetzten.

Ich turnte, um mich in Form zu halten. Manchmal wurde mir schwindelig bei den Übungen, und oft mußte ich eine Pause machen, weil ich Wadenkrämpfe bekam. Meinem Körper fehlten Mineralstoffe, der Elektrolythaushalt war gestört. Ich war längst nicht so schlank, wie ich gerne gewesen wäre, dafür aber chronisch unterernährt.

Wie ein Schwamm sog der Organismus aus dem Wenigen, was ich ihm ließ, alle überlebensnotwendigen Nährstoffe heraus. Selbst aus einem Kaugummi. Ich hatte meinen Körper darauf abgerichtet, die kurze Zeit eines gefüllten Magens gut zu nutzen, und er revanchierte sich mit dem Notprogramm, das die Natur den Menschen für Hungerzeiten mitgegeben hat, und setzte zuallererst Fett an. Aus jedem Spiegel glotzte mich ein aufgedunsenes Mondgesicht an mit dicken, aufgeblasenen Hamsterbakken.

Nach beinahe acht Jahren des kalkulierten Hungerns und Fressens, des Erbrechens und des Lügens konnte ich nicht mehr. Ich war erschöpft, war fahrig und hatte Angst, die gesamte Kontrolle über mein kompliziertes Leben zu verlieren. Ein völlig normales Dasein, wie immer das aussehen mochte, wurde zu einem Traum für mich.

Ich war am Ende, körperlich, nervlich, finanziell.

Bretter über den Sumpf

Es war der Moment, in dem die Maske fiel. Totenstille lag im Raum, niemand sagte ein Wort. Alle sahen zu mir herüber, auch Frau Doktor Braumann. Und ich starrte angestrengt auf die Schnallen meiner italienischen Absatzschuhe.

»Hast du noch nie darüber gesprochen?« fragte Susanne zum zweiten Mal.

Frau Doktor Braumann kannte diese Situation. Doch sie tat nichts, saß nur auf ihrem Stuhl und schwieg. Ich fühlte mich, als wäre ich an den Pranger gestellt worden.

»Nun«, druckste ich. »Ich verstehe gar nicht so recht, wovon hier eigentlich die Rede ist. Ich meine, ›Bulimie‹, dieses Wort klingt wie eine ernsthafte Krankheit, es macht mir angst.« Meine Augen waren immer noch auf meine Schuhe gerichtet. »Ich fühle mich nicht krank. Ich bin auch nicht verrückt.«

»Warum, glaubst du, bist du hier?« schaltete Doktor Braumann sich jetzt ein.

»Na ja . . .« Ich hob den Kopf und sah in die Runde. Außer mir und der Therapeutin saßen in dem Raum acht junge Frauen. Kathrin, die erzählt hatte, daß sie Bulimikerin sei. Irina, die ebenfalls diese vom Erbrechen aufgeschwemmten Wangen hatte. Michelle, Christine und Maria, deren hageren Körpern man die Magersucht deutlich ansah. Und dann Roberta, die mindestens 250 Pfund wog; beim Anblick des Holz-

stuhls unter ihrem massigen Körper mußte ich unwillkürlich an eine Porzellantasse und einen Elefan-
ten denken. Susanne und Karoline, rechts neben Roberta, waren ebenfalls fettsüchtig, obwohl auch sie
sich täglich übergaben wie Bulimikerinnen. Susanne
hatte erzählt, daß sie häufig in eines dieser Restaurants fuhr, in denen man für 199 Schilling so viel vom
Büfett essen konnte, wie man wollte.

»Immer, wenn ich es zu Hause mit den Kindern nicht
mehr aushalte, rufe ich meine Freundin an. Dann bringen wir die Kinder zu ihrer Schwester und gehen essen.«

»Und deine Freundin? Sie weiß, daß du anschließend
zur Toilette gehst?« fragte ich verblüfft. Das Wort »erbrechen« blieb mir im Hals stecken. Zu Hause hatte meine
Familie mitbekommen, daß ich immer alles wieder erbrach, was ich gegessen hatte. Aber ich hätte es niemals
zugegeben!

»Die kommt mit und kotzt auch«, antwortete Susanne.

Und dann hing plötzlich diese Frage im Raum: »Hast
du noch nie darüber gesprochen?« Ich zog mich in mich
zurück wie eine Schnecke in ihr Haus und schwieg.

Frau Doktor Braumann war Psychoanalytikerin und galt
als Kapazität auf dem Gebiet der Eßstörungen, hatte
meine Mutter mir vor Monaten in einem Brief geschrieben. In einer Salzburger Klinik leitete sie ambulante The-
rapiegruppen. Nach jenem Morgen, als ich Toni bestohlen hatte und in meiner Erschöpfung und Verzweiflung
nicht mehr weiter wußte, hatte ich den Brief hervorge-
kramt, in der Klinik angerufen und einen Termin für ein
Vorgespräch vereinbart.

Bis zuletzt dachte ich daran, die Verabredung wieder

abzusagen. Ohne genau zu wissen warum, fuhr ich schließlich doch in die Klinik.

Als wir uns begrüßten, faßte ich auf Anhieb Vertrauen zu dieser fremden Frau. Doktor Braumann war eine sympathische Mittvierzigerin. Sie besaß diese gleichermaßen warme und energische Ausstrahlung, die einen schnell dazu bringt, Menschen, die man noch nie gesehen hat, trotzdem zu respektieren. Ich spürte, daß ich in ihr ein ernstzunehmendes Gegenüber hatte, eine Frau, die wußte, was sie wollte, und die mir Grenzen setzen konnte. Die Vorstellung, daß sie die Fassade durchschaute, die aufrechtzuhalten mich täglich mehr Mühe kostete, tat gut.

Schon in unserem ersten Gespräch erklärte Doktor Braumann, daß meine Eßstörung ein ernsthaftes Problem sei, aber daß eine Therapie eine Erleichterung für mich bedeuten würde. Ich war schwach genug, um ihre Vorschläge kritiklos und dankbar anzunehmen.

Zwei Wochen später saß ich wieder in dem hellen Zimmer und hörte zu, wie Frauen, denen ich noch nie zuvor begegnet war, von ihren Hungerphasen, ihren Freßanfällen und ihrem routinierten Erbrechen erzählten. Und sie erwarteten, daß ich mich ebenfalls offenbarte.

»Weißt du«, wandte Kathrin sich an mich, »du bist nicht die einzige, die frißt und kotzt und frißt und kotzt.«

Ich spürte, wie mir die Beherrschung entglitt, jene Kontrolle über meine Erscheinung, mein Auftreten, mein Verhalten, die mir bislang Halt gegeben hatte.

»Du bist nicht die einzige Frau auf der Welt, die Unmengen essen kann.« Kathrin gab nicht nach in ihrem Versuch, mich aus der Reserve zu locken. Zögernd schaute ich sie an. Ich sah die geplatzten Adern unter ihren Augen und die Bißwunden auf ihren Handrükken. Aus einer amerikanischen Aufklärungsbroschüre, die meine Schwester mir geschickt hatte, wußte ich, daß man diese Wunden normalerweise bei »Anfängerinnen« fand, die sich beim Versuch zu erbrechen noch die ganze Hand in den Rachen schoben. Doch Kathrin hatte vorhin erzählt, sie sei schon seit Jahren Bulimikerin. Die Spuren ihrer Selbstzerstörung machten sie mir sympathisch, und obwohl ich sie nie zuvor gesehen hatte, sah ich sie in diesem Moment als Verbündete. Zögernd begann ich zu reden.

»Ich habe in den vergangenen acht Jahren wohl jede Diät ausprobiert, die es gibt.« Ich blickte in Kathrins Augen und sah mich nicht mehr einer anonymen Gruppe gegenüber, sondern erzählte meine Geschichte einem Menschen. Ihr. Ich redete weiter, und je länger ich sprach, desto schneller sprudelten die Worte.

»Ich war überzeugt, die einzige Frau auf der Welt zu sein, die so etwas Perverses tut«, schloß ich meinen Bericht. Meine Hände waren feucht und mein Gesicht heiß. Für die anderen mochte es ja selbstverständlich sein, über solche Dinge zu reden, mir war es peinlich. In all den Jahren, in denen ich mein Geheimnis vor der Außenwelt verborgen hatte, hatte ich mir ein zweites Ich zugelegt, das mir half, mein hungriges Ich zu verstecken, dieses gierige Etwas, diesen Zwang. Das gute und das böse Ich lagen ständig miteinander im Clinch, doch ich wußte, wenn es nötig wäre, würde das zweite Ich schützend vor dem anderen stehen und dessen Unzulänglichkeit verbergen. Dann konnte ich selbstbewußt, stolz und unangreifbar auftreten. Ich lebte in zwei Welten, doch genau das war zu meinem sozialen Überlebensmechanismus geworden. Ich war es nicht gewohnt, Schwäche zu zeigen.

Dennoch redete ich weiter; langsam, stockend. All-mählich begann ich, mir selbst dabei zuzuhören, und sah mich in dieser Runde sitzen, zwischen Frauen fett wie Mastgänse und anderen dünn wie Gerippe. Nein – ich gehörte nicht dazu. Ich hatte eine Topfigur. Ich trug einen gewagten Minirock, der meine schlanken Beine hervorragend betonte. Ich war eine perfekt gestylte, moderne, schöne, junge Frau, kühl, etwas unnahbar, über den Dingen stehend. Ich war anders.

Doch dann erschien mir diese Pose, diese ganze bemühte Haltung, für einen kurzen Moment abgrundtief lächerlich, und ich blickte auf eine Frau, die vorgab, etwas zu sein, was sie gar nicht war.

In meinen Tagebüchern hatte ich meinem verzehrenden Hunger nie einen Namen gegeben. Überhaupt brachte ich meine Verfehlungen kaum zu Papier. Statt dessen spornte ich mich an, ermahnte mich zu mehr Disziplin. »Halte durch und geh heute nacht nicht wieder in die Küche!« oder »Morgen hast du Schwimmunterricht, da brauchst du einen flachen Bauch!« Griff ich dennoch zur Buttermilch statt zum Magerjoghurt, der immerhin 30 Kalorien weniger gehabt hätte, schrieb ich nur: »Ich hasse mich. Ich bin so unfähig.«

Jetzt ging ich viermal wöchentlich zur Therapiegruppe in die Klinik und lernte jene Unbekannte kennen, mit der ich schon seit Jahren lebte, und die nun erst einen Namen bekommen hatte: meine Bulimie. Und ich mußte zugeben: Es erleichterte mich.

»Es gab Morgen, an denen bin ich voller Angst aufgewacht und habe als erstes nachgefühlt, wie dick mein Bauch ist. Auch wenn ich weniger als 50 Kilo wog. Ich hatte solche Angst, fett zu sein, daß ich mich ständig vergewissern mußte, daß ich es nicht war.«

Roberta beugte sich vor, bemüht, ihren dicken Bauch unter einer geblümten Kittelschürze zu verstecken.

»Wieviel wiegst du denn heute?« fragte sie. Ich biß mir auf die Lippe, um nicht spontan »viel zu viel« zu antworten.

»Schau mich an«, fuhr Roberta fort. »Ich kann hungern und Abführmittel nehmen so viel ich will, ich nehme nie ab.« Die anderen Frauen, die wie sie Größe 44 oder 46 trugen, nickten. *Sie* fühlten sich dick, und es wollte ihnen nicht in den Kopf, daß ich mir bei einer Größe von einem Meter siebzig und einem Gewicht von 55 Kilo fett vorkam. Als sie hörten, daß ich, sobald die Waage auf 56 Kilo geklettert war, vor Wut über mein Versagen meine Finger mit dem Hammer blau geschlagen hatte, waren sie fassungslos.

Frau Doktor Braumann versuchte zu erklären: »Wer ständig Diät hält, versucht, einem gewissen Schönheitsideal nahezukommen. Manche Frauen erlegen sich noch strengere Regeln auf, sobald sie merken, daß sie nicht so viel abnehmen, wie sie sich vorgenommen haben. Sie bestrafen sich für ihr vermeintliches Versagen. Bulimikerinnen akzeptieren ihren Körper nicht, wie er von Natur aus ist, sie schämen sich für ihn und setzen sich deshalb unter Druck.«

Ich konnte diesen Worten folgen, dennoch beschrieben sie nicht, was ich fühlte. Für mich besaßen die Dinge eine andere innere Logik, und die lautete: Jedem Versagen folgte eine Strafe. Wenn ich zuviel aß, wurde ich fett und unansehnlich; wenn ich mich nicht zügelte, galt ich als egoistisch; wenn ich meine Mutter nicht in Ruhe ließ, wurde ich geschlagen.

»Richtig glücklich war ich, wenn nach einer Nulldiät mein knochiges Dekolleté durch die Bluse schimmerte«, fuhr ich fort. Diesmal war es Michelle, die nickte.

»Mein ganzes Selbstwertgefühl hing von meinen Diäterfolgen ab. Und von den Komplimenten, die ich von anderen Leuten bekam, wenn ich in Kleidergröße 36 paßte.«

»Ja«, sagte Michelle. »Man definiert sich über sein Gewicht und seine Hungererfolge. Deine gesamte Identität baumelt an dem Zeiger über der Waage im Bad. Geht er zu weit nach rechts, bist du schlecht. Zeigt er dein Traumgewicht an, bist du die Größte.«

Genau so ist es, dachte ich und sah auf meine Beine. Sie könnten straffer sein, schoß es mir prompt durch den Kopf, besonders die Oberschenkel.

»Die Waage wird zum Stimmungsbarometer«, mischte sich die magersüchtige Maria ein. »Und zur Meßskala deines Selbstwertgefühls.«

»Ich versuche seit Jahren, mich dünn zu machen und der heutigen Norm von der attraktiven Frau zu entsprechen.« Michelle sah aus, als spräche sie in diesem Moment mehr zu sich selbst als zu uns. Wir schwiegen und schauten abwartend zu ihr hinüber. Dann entdeckte ich, daß Michelle weinte.

Ich selbst erzählte in diesen ersten Tagen Dinge, von denen ich nie gedacht hätte, daß ich sie einmal über die Lippen bringen würde. Es war erleichternd, offen über meinen unstillbaren Hunger zu reden, über meine Selbstzweifel und Minderwertigkeitsgefühle. Am Ende der ersten Woche war ich geradezu stolz: Endlich hatte ich über meine seltsamen Eßgewohnheiten gesprochen – vielleicht konnte ich sie ja auch ändern!

Die Hoffnung verflog, als mir beim Mittagessen der Geruch von Pasta mit Sahnesoße in die Nase stieg. Schlagartig war ich wieder in der Welt, aus der ich kam. Automatisch griff ich nach einem Tablett. Dann riß ich mich zusammen und verließ die Klinik. Wahrschein-

71

lich würde ich mich noch früh genug in dieser Kantine vergessen.

»Mich dünn zu machen, um der Norm zu entsprechen.« Als ich mit der Straßenbahn nach Hause fuhr, fielen mir Michelles Worte wieder ein. Ich mußte an die Fertighäuser denken, an denen Annett und ich in Denver vorbeigefahren waren, als wir Lisl besucht hatten. Diese genormten Behausungen für das genormte Leben von genormten Menschen mit genormten Wünschen. Nur Annett widersetzte sich in diesem Land der Normen und stapfte mit ihren behaarten Beinen durch den Sommer. Ich schüttelte mich bereits bei der Vorstellung, selbst mit unrasierten Beinen in meine Miniröcke zu steigen. Doch ich fragte mich, woher dieses Diktat der glatten Beine stammte. Wer hatte es zur Norm erhoben? Die Modemagazine? Die Männer, denen wir gefallen wollten? Und wieso hielten sich so viele Frauen an diese und andere Vorschriften?

Sonderlinge schienen unerwünscht; in der Welt der Schönheit wie in den Fertighaussiedlungen vor Denver.

An manchen Tagen glich die Therapierunde einer Manege. Die Atmosphäre war gespannt. Neun Frauen, jede geübt darin, ein inneres Tier unter Kontrolle zu bringen, saßen beieinander wie Dompteurinnen in einem Raubtierkäfig. Alle verfügten über einen blitzscharfen Verstand, wenn es darum ging, ihre Umwelt zu täuschen und ein Gebäude von Ausreden, Lügen und Geheimnissen zu errichten, um die Bestie dahinter zu verbergen. Um sie vor ihren Familien, ihren Eltern, ihren Ehemännern, ihren Kollegen, Freunden, Arbeitgebern zu verstecken.

Nur durch große, vom Kopf gesteuerte Beherrschung gelang es uns, dem Tier in uns während der Therapie ein lautes »Platz!« zuzubrüllen und zuzusehen, wie es sich artig in die Ecke verzog. Doch die Ruhe dauerte nie lange: Kaum war ich nachmittags wieder allein, richtete es sich auf und wuchs vom Schoßhund zum Panther. Dann begann das Ringen. Die Bestie in mir war schlau; von einer einzelnen Therapeutin ließ sie sich nicht erschrecken. Nach wie vor stopfte ich anfallartig Schokolade, Kuchen, Chips und Pasta in mich hinein und ging anschließend zur Toilette, um alles wieder loszuwerden.

Wir alle gaben in der Klinik Geheimnisse preis. Wir tasteten uns an alte Wunden heran. Frau Doktor Braumann ermunterte uns, unser kaputtes, verletztes eigenes Ich anzusehen. Aber an meinem Eßverhalten änderte das auch nach vier Wochen nichts.

Irina erging es genauso. Wir bezweifelten, ob es uns in unserem heutigen Leben helfen würde, mit Schmerzen in der Vergangenheit herumzuwühlen. Irina hatte bereits eine vierjährige Psychotherapie hinter sich; trotzdem war sie noch immer bulimisch. Ich dachte mit Grauen an die pseudo-psychologischen Bemühungen, mit denen mich meine Eltern jahrelang belagert hatten.

»Manchmal glaube ich, es liegt in der Natur einer Therapie, daß man am Ende doch auf seinem Problem sitzen bleibt«, giftete Irina. »Da betrachtest du dich jahrelang mit der Lupe, aber am Ende stehst du da und fragst dich nur noch, warum der Rest der Welt offensichtlich keine Probleme hat.«

Die anderen Frauen in der Gruppe waren offenbar zuversichtlich und hofften, daß die Therapie ihnen wirklich helfen würde, ein neues Leben zu beginnen. Nur Irina und ich merkten, daß wir umfielen wie Spielzeugsoldaten, sobald wir außerhalb der abgeschotteten Welt des Klinikzimmers auf das wahre Leben trafen.

Ich erzählte Frau Doktor Braumann davon.

»Niemand erwartet hier ein Wunder von dir«, antwortete sie. »Du bist in der Therapie, um dich erst einmal zu orientieren. Deine Eßgewohnheiten werden sich eines Tages schon ändern.« Doch das Gefühl, auf der Stelle zu treten, blieb. Ich wollte nicht nur ständig über meinen abartigen Hunger und meine Kindheit reden, ich wollte, daß sich etwas änderte. Ich wollte, daß diese unkontrollierbaren Freßanfälle aufhörten. Und die Therapeutin sollte mir endlich beibringen, wie ich sie bekämpfen konnte.

Eines Abends rief Annett an, die inzwischen bei ihrer Au-pair-Familie gekündigt hatte und wieder in Graz lebte.

»In der Klinik reden sie ständig über schlimme Kindheitserinnerungen und stochern in allen möglichen Traumata herum«, beklagte ich mich. »Ich komme mir vor, als wäre ich eine von ihren verrückten Stationspatientinnen.«

»Du bist eine Patientin«, entgegnete Annett. »Auch wenn du jeden Mittag wieder nach Hause gehst. Du hast ein Problem, eine Eßstörung, und die ist nicht normal.«

Normal, Norm. Immer wieder stolperte ich über diese Worte. War ich normal, wenn ich die Norm befolgte? War ich abnorm, wenn ich von ihr abwich? Ich empfand mich nicht als abnorm, ich bemühte mich nur, schlank und schön zu sein und tat, was ich in den Zeitschriften las. Ich betrachtete es allerdings als abnorm, Sommerkleider zu tragen, ohne sich die Beine zu rasieren! Woher nahm Annett das Selbstvertrauen, entgegen dieser Norm zu handeln, und mir gleichzeitig zu erklären, meine Eßgewohnheiten seien nicht normal? Wer sagte, daß sie normal war, nur weil sie vorgab, ihren Körper zu akzeptieren, während ich abnahm, meinen Busen cremte, meine Beine rasierte, meine Schenkel straffte, um so hübsch wie möglich auszusehen?

Irgendwie war ich unzufrieden mit mir und glaubte auch nicht an einen Erfolg dieses ganzen therapeutischen Krams.

Als ich am nächsten Tag Irina in der Kantine traf, goß sie gerade gespielt genußvoll einen Löffel Zitronen-Joghurt-Dressing über ihren Salat.

»Zu Hause würde ich Mayonnaise draufschütten«, sagte sie. Ich mußte lachen.

»Und wenn ich alles wieder hochgewürgt habe, nehme ich neuerdings eine Multivitamintablette. Kathrin hat mich darauf gebracht.«

Irinas Sarkasmus tat mir gut.

Jeden Morgen auf dem Weg zu Doktor Braumann suchte ich eine der sterilen Kliniktoiletten auf und erbrach mein Frühstück. Mittags, wenn die Gruppe sich auflöste, aß ich entweder in der Kantine oder zu Hause und übergab mich noch einmal. Nachmittags kaute ich die billigsten Kekse und Weißbrote, die ich in ganz Salzburg auftreiben konnte. Und ging wieder zur Toilette. Beim Abendessen versuchte ich, so viel Pasta und Gorgonzolasoße abzubekommen wie möglich. Auch die würgte ich später wieder hoch.

Die Tage bekamen einen eigentümlichen Rhythmus von essen und kotzen und reden übers Essen und Kotzen.

»Was machst du am Wochenende? Ich hätte Lust, dich

zu besuchen«, fragte meine Schwester Annett mich einige Wochen später bei einem Telefonat.

»Gerne. Das trifft sich richtig gut, denn George ist verreist. Da kannst du ja in seinem Zimmer schlafen.«

Als ich meine Schwester am Freitag nachmittag vom Bahnhof abholte, freute ich mich sehr, sie wiederzusehen. Seit meinem Besuch in Denver hatten wir nur einige Male telefoniert.

»Mami fragt, wie es dir in der Therapie geht.« Wir machten es uns nach dem Abendessen mit einer Flasche Wein in meinem Zimmer gemütlich. »Sie will wissen, ob du Spaß hast.«

»Spaß, na ja . . .« Ich mußte lachen. »Ich glaube, niemand geht in eine Therapie, um sich dort zu amüsieren.«

Meine Schwester grinste.

»Obwohl die Therapeutin eine komische Ader hat, und wir uns in den Sitzungen manchmal ausschütten vor Lachen.« Ich nippte an meinem Weinglas. »Aber mit Doktor Braumann und den anderen Frauen über das Essen zu reden, ist manchmal ganz angenehm, wenn es das ist, was du meinst. Es ist nicht so verwirrend wie diese Gespräche bei uns zu Hause.«

Annett wußte, daß ich an die »Familienkonferenzen« dachte.

»Da wollten sie immer wissen, was wir denken und was für Wünsche wir haben, aber man mußte aufpassen, was man antwortete«, sagte sie.

»Weißt du noch, wie Mami und Vati mal gefragt haben, ob wir es auch sinnvoll finden, ein Entwicklungshilfeprojekt in Südamerika zu unterstützen? Damals habe ich vorsichtig anklingen lassen, daß ich lieber vernünftige Skisachen hätte und nicht die billigen Klamotten von C&A. Sofort hatte es Vorwürfe gehagelt: Wie man nur so verschwenderisch sein könne, und so weiter. Ich wußte eigentlich nie, woran ich wirklich war. Erst wollten sie deine Meinung hören, und dann bestraften sie dich dafür. Und das immerhin ist bei Frau Doktor Braumann anders.« Ich sah meiner Schwester zu, wie sie mit den Knöpfen meines Kopfkissens spielte.

»Ist dir dieses pseudo-psychologische Getue auch so auf die Nerven gegangen?« Plötzlich überraschte es mich, daß ich ihr diese Frage noch nie gestellt hatte.

Annett zögerte einen Augenblick. »Doch.«

»Mir wäre es lieber gewesen, sie hätten mich einfach ein junges Mädchen sein lassen und mich so genommen, wie ich eben war. Ohne dieses ganze Psychogequatsche. Ohne diese ständige Aufforderung, doch über unsere Gefühle zu reflektieren. Und ohne diesen permanenten Anspruch, ein sozialkritischer und grundguter Mensch sein zu müssen.«

»Verzeihen!« Mit bissiger Stimme imitierte Annett unseren Vater. »Nur die Vergebung bringt Trost und Heilung. Wir müssen lernen, denen, die schuld sind an unserem Elend, die Hand zu reichen.« Wir mußten lachen, auch wenn diese Erinnerungen eigentlich zum Heulen waren.

»Erinnerst du dich, wie ich – Jahre später – einmal erzählt habe, was für eine abgründige Angst ich gehabt hatte, als Vater mich einmal aussetzte, damals, als wir von der Oma heimfuhren? Ganz betroffene Gesichter haben er und Mami gemacht. Daß sie meinen Schmerz ›respektieren‹ würden, haben sie gesagt. Wie ich diesen Psychowortschatz hasse! Zum Schluß haben sie mir schlaue Tips gegeben, wie ich mit diesem Erlebnis umgehen sollte.« Ich schüttelte mich. »Das macht mich heute noch wütend.«

»Was hast du erwartet?« fragte Annett. »Vati hat sich entschuldigt, wenn ich mich richtig erinnere.«

»Ja, er hat sich entschuldigt. Aber ich habe es ihm nicht geglaubt. Er hat immer alles ›verstanden‹, so stand es ja auch in diesen ganzen Büchern, die Mami immer angeschleppt hat. Aber wir waren Kinder, keine Patienten!«

Ich griff nach der Weinflasche und füllte unsere Gläser nach. »Ist es denn zuviel verlangt, wenn ich sage: Ich bin ein Kind, und ich will wie ein Kind behandelt werden? Kinder gehen ihren Eltern eben manchmal auf die Nerven, sie schreien herum, sie machen Krach, sie sind ungehorsam. Man kann doch nicht von ihnen erwarten, daß sie sich wie kleine Erwachsene verhalten, daß sie ebenfalls ›vernünftig‹ sind und über ihr Verhalten ›reflektieren‹!«

Annett schwieg. Doch sie schien zu verstehen, wovon ich sprach. »Ja«, sagte sie nach einer Weile. »Ihrer Beziehung hat das, was sie in dieser Ehetherapie gelernt haben, vielleicht genutzt. Aber wir haben für ihre Experimente in unserer Erziehung bezahlt.«

Schweigend hockten wir auf der Matratze. Jeder hing seinen eigenen Gedanken nach.

Ich sah mich wieder in jener Winternacht: vier Jahre alt, ausgesetzt im Schnee wie ein Hund. Es war dunkel gewesen, und am Himmel leuchteten die Sterne; eine klare, kalte Januarnacht. Wir drei Mädchen hatten auf dem Rücksitz des Wagens gesessen und herumgealbert, so lange, bis meinem Vater, dessen Nerven von den Familienfeierlichkeiten ohnehin schon strapaziert waren, der Geduldsfaden riß: »Jetzt gib a Ruh'!« rief er. Meine Schwestern verstummten, ich nicht. Plötzlich bremste mein Vater abrupt, stieg aus, zerrte mich aus dem Auto, stieg wieder ein, warf wütend die Tür zu und fuhr los.

Ohne Jacke und ohne Schuhe stand ich im Schnee und sah die roten Lichter kleiner werden, bis sie schließlich hinter einer Kurve verschwanden. Nach einem Moment des Schocks begann ich, hinter dem Auto herzulaufen. Als ich den nur langsam rollenden Wagen schließlich erreichte, riß ich die Tür auf, sprang ins Innere und kroch mucksmäuschenstill in den Fond. Ich hatte das Gefühl, nun nicht mehr zu ihnen zu gehören. Ich war störender Ballast – mein Vater hatte mich einfach über Bord geworfen. Auch die anderen schwiegen, offenbar war jeder erschrocken über seine Reaktion, er selbst eingeschlossen.

Die Einsamkeit, die bei diesen Erinnerungen in meinem Körper hochkroch, war sehr, sehr alt. Damals hatte ich beschlossen, niemandem mehr zu vertrauen; Kind zu sein hieß abhängig zu sein, der Willkür der Erwachsenen schutzlos und wehrlos ausgeliefert.

Ich war nicht mehr ihr Kind.

Dieses Gefühl war so stark gewesen, daß meine Zwillingsschwester Jana es spüren konnte. Traurig sah sie mich an und legte ihre Angoramütze in meine Hand. Die Mütze war weich wie eine Wolke; ich liebte es, mit ihr über mein Gesicht zu streichen. Jana war damals meine engste Vertraute, doch in diesem Moment nahm ich Abschied von ihr, denn ich wollte nicht, daß sie zu mir hielt und dann wegen mir in Schwierigkeiten geriet. Es genügte, daß ich verstoßen war, und ich beschloß, lieber allein gegen diese Angst in meinem Herzen zu kämpfen.

Sie gehörte noch dazu; doch sie mußte achtgeben, daß sie auf der richtigen Seite blieb.

»Ich frage mich oft, wie unsere Eltern es hätten anders machen können.« Annetts Stimme holte mich in die Gegenwart zurück.

»Ich weiß es nicht«, antwortete ich nachdenklich. »Sie wollten, daß wir herausfinden, wer wir sind,

Jana, du und ich. Sie haben uns aufgefordert, den Kern unserer Persönlichkeit zu entdecken und alle Schutzschichten, die Menschen sich zulegen, abzublättern. Wie die einzelnen Häute einer Zwiebel. Sie haben es bei sich selbst ja auch versucht. Aber sie waren Erwachsene und hatten andere Möglichkeiten. Mich haben sie mit ihren hohen Erwartungen gnadenlos überfordert.« Ich trank einen Schluck Wein. »Sie haben uns erdrückt mit ihren Erwartungen und ihren guten Vorsätzen.«

Annett sah mich an und zuckte zustimmend mit den Schultern.

»Halten Sie mich für geisteskrank?« Doktor Braumann und ich gingen gemeinsam die Auffahrt der Klinik hinab zur Straße und stoppten am Tor, wo ihr Mann sie wie jeden Tag abholen würde.

»Nein.« Sie sah mich an. Keine Miene in ihrem Gesicht verriet, was sie dachte.

»Aber ich esse immer noch so viel.«

»Sie sind krank. Doch ihre Krankheit ist heilbar. Deshalb sind Sie hier.« Braumanns Worte breiteten sich wie ein schützender Flügel über meine flirrende Unruhe, doch gleichzeitig nagten sie an etwas.

Ein weißer BMW hielt neben uns. Doktor Braumann lächelte mir zu.

»Bis morgen.« Ich nickte, drehte mich um und ging zur Straßenbahnhaltestelle. Ich war nervös.

Zwei Monate dauerte die Therapie bereits. Das, was die Fachleute so schlicht ›Bulimie‹ nannten, bekam mehr und mehr Konturen für mich. Es tat gut, zu merken, daß ich nicht die einzige Frau mit derart perversen Freßgelüsten war. Und manchmal fand ich es beruhigend zu wissen, daß ich nicht abnorm veranlagt, sondern ›nur‹ krank war. Aber dieses Wissen kratzte auch an meiner Sehnsucht, einzigartig zu sein.

Ich dachte in diesen Tagen oft an meine alte Freundin Clara. Wir hatten uns aus den Augen verloren, seit ich in Salzburg wohnte. Das letzte Mal, daß ich von ihr gehört hatte, war, als meine Mutter mir am Telefon erzählte, daß Clara wegen eines akuten Schwächeanfalls mit Blaulicht in ein Krankenhaus gebracht worden war. Ihre Magersucht sei inzwischen besorgniserregend. Ich bewunderte sie dafür. Clara hatte sich und ihren Körper und ihre Bedürfnisse wirklich im Griff. Sich so unter Kontrolle zu haben, daß man es schaffte, fast zu verhungern – das war wahre Größe! Wir anderen, wir waren schwach. Clara verachtete uns dafür; und sie hatte recht. Sie war mir überlegen. Clara erreichte ihren Traum, sie war schlank.

Ich, mit meinen vom häufigen Erbrechen aufgeblähten Wangen, meinem dicken Bauch und den wabbeligen Schenkeln, war nur eine Null. Ein Nichts gegen ihre asketische Schönheit.

Was zum Teufel wollte ich in dieser Klinik? Die Therapeutin war nicht in der Lage, meine Freßanfälle zu kurieren. Ich mußte einen eigenen Weg finden. Ich war nicht bereit, mein Lebensziel auf Braumanns Altar der Psychoanalyse zu opfern.

Mitten in der Nacht wachte ich auf. Ich hatte geträumt:

Ich bin 15, lebe mit meinen Eltern in Graz, und es ist Sommer. Ich wiege 49 Kilo und halte Diät. Seit Tagen habe ich kaum etwas gegessen und fühle mich gut, geradezu euphorisch. Das Gefühl, über meinen Körper zu triumphieren, überdeckt jeden gelegentlichen Anflug physischer Schwäche.

Meine Eltern fahren mit uns Kindern zu einem Bio-bauernhof.

»Die leben dort ganz alternativ und haben freilaufen-de Hühner, Hunde, Katzen und einen Esel«, sagt meine Mutter. Sie ist stolz, demonstrieren zu können, was für eine unkonventionelle Frau sie ist.

Als wir auf dem Hof ankommen, laufen überall Enten und Gänse und Hühner herum. Zwischen ihnen fünf ver-dreckte Kinder. Ein alter Hund hebt müde seinen Kopf in unsere Richtung, doch ich bin nicht sicher, ob er uns auch sieht. Ich hatte mir den Hof idyllischer vorgestellt, or-dentlicher.

»Hallo!« ruft mein Vater.

Aus dem Gemüsegarten kommt ein Mann. Er trägt alte Arbeitshosen, ein Latz bedeckt nur spärlich seinen nack-ten Oberkörper. Als er mir die Hand gibt, zucke ich zu-rück. Seine Haut ist rauh, als wären seine Finger von einer brüchigen Kruste überzogen. Ich ekle mich. Die Augen des Mannes sehen gefährlich aus.

Der Bauer führt uns über seinen Hof. Auf dem Arm trägt er eines seiner Kinder. Mit der Hand schlägt er nach den Fliegen, die um unsere Köpfe brummen wie Heu-schrecken vor dem biblischen Angriff.

Im Kuhstall zeigt der Mann uns ein junges Kalb. Mei-ne Mutter und meine beiden Schwestern gehen ganz dicht an die Box heran, sie wollen es streicheln. Ich bleibe neben meinem Vater stehen. Der Bauer bückt sich, und setzt seine Tochter auf den Boden. Als er sich wieder aufrichtet, steht er dicht neben mir. Ich spüre seine Hand zwischen meinen Beinen. Ich erstarre.

Der Mann erzählt meinem Vater, daß das Kälbchen bald verkauft wird. Ich fühle seine rauhe Haut durch den dünnen Stoff meines Kleides. Seine Finger drücken sich in mein Fleisch. Ich springe zur Seite.

Mein Vater sieht mich an. Jana kreischt, weil das Kalb über ihre Hand leckt. Mir ist übel. Der Bauer mustert mich. Ich ekle mich. Ich habe Angst.

Ich wache auf.

Die Erinnerung war plötzlich so deutlich wie damals, in den Tagen danach. Denn es gab diesen Biobauern tatsächlich. Meine Eltern hatten ihn bei einem christlichen Wochenendseminar kennengelernt. Sie hatten verabredet, einander einmal zu besuchen.

Ich machte Licht und griff zu dem Block neben meinem Bett. Frau Doktor Braumann hatte uns aufgefordert, unsere Träume aufzuschreiben und in der Therapie zu erzählen. Ich blätterte, bis ich eine freie Seite fand. Vor kurzem hatte ich einen ähnlichen Traum notiert:

Ein Mann bedroht mich. Ich fliehe in die Wohnung unserer Nachbarin; zu ihr sind wir als Kinder oft gegangen, wenn unsere Eltern abends zur Ehetherapie-Gruppe gefahren waren, und wir uns alleine fürchteten. Der Mann im Traum folgt mir. Es gelingt mir nicht, die Tür zur Wohnung der Nachbarin zu schließen, meine Arme sind zu kurz.

Verzweifelt lasse ich die Tür los und laufe den Flur entlang. Im Wohnzimmer liegt überraschenderweise mein Vater auf dem Sofa und hält seinen Mittagsschlaf. Ich schreie und rüttle an seinem Arm, doch er schläft weiter. Ein seliges Lächeln umspielt seinen Mund.

Als ich versuche, ihn auf meine Schultern zu laden, wache ich auf.

Jetzt lag wieder eine zu große Last auf mir. Ich schob den Block beiseite und ging in die Küche.

Auf dem Tisch stand ein Apfelstrudel. Ich nahm mir ein Stück und aß. Dann stand ich auf, schüttete Haferflocken in eine Schüssel, goß Milch darüber und dachte an Frau Doktor Braumann. Wenn ihr eßt, hatte sie uns einmal während einer Sitzung gesagt, dann nehmt euch Zeit. Deckt in Ruhe den Tisch. Legt eine Serviette neben den Teller. Stellt die Kaffeetasse nicht auf das Tischtuch, sondern holt euch eine Untertasse. Bereitet die Mahlzeit sorgfältig vor. Macht es euch gemütlich. Und wenn ihr eßt, kaut langsam. Eßt bewußt. Putzt hinterher die Zähne.

Ich zog einen Teller aus dem Küchenschrank und stellte meine Schale darauf. Löffel für Löffel aß ich meine Haferflocken. Langsam. Und benebelt. In meinem Kopf klebten die Reste des Traumes.

Meine Eltern hatten sich damals nicht erklären können, was bloß in mich gefahren war. Als sie nach Hause fahren wollten, stieg ich ins Auto, ohne mich zu verabschieden. Zurück in Graz, schloß ich mich erst im Bad, später in meinem Zimmer ein. In den folgenden Tagen zog ich mich auffällig zurück. Stärker als je zuvor ekelte ich mich damals vor meinem Körper. Das, wovor mein Vater uns Töchter immer gewarnt hatte, die tückische Verführung, die List des Satans – sie hatte sich nun Bahn gebrochen und diesen Biobauern dazu gebracht, mich anzufassen. Mein Körper war sündig. Er war schmutzig.

Ich trieb immer extensiver Sport und aß gar nichts mehr. Ich wog mich und schlug mir mit dem Hammer auf die Zehennägel, weil ich nicht abnahm. Ich ritzte mit einer Rasierklinge Linien in meine Arme und Handgelenke. Ich wollte diesen Körper vernichten. Ihn abtöten.

Meine Mutter wußte sich nicht mehr zu helfen. Sie

brachte mir Teller mit aufgeschnittenen Pampelmusen, dekoriert mit Magerjoghurt. Sie versuchte, zu mir vorzudringen, doch ich blieb unerreichbar.

Bei einer der »Familienkonferenzen« platzte es dann heraus. Mein Vater hatte Kerzen angezündet und verteilte Gebetstexte. Ich begann zu weinen.

»Ich gehe nie wieder mit zu euren Freunden«, schluchzte ich. »Und dieses ganze christliche Theater hier könnt ihr euch an den Hut stecken.«

Meine Eltern sahen sich entgeistert an.

»Was haben unsere Freunde mit unseren Gebetsstunden zu tun?« fragte meine Mutter.

»Ich mag den Biobauern«, sagte Jana. Treffsicher hatte sie erraten, wen ich meinte. Ich zuckte zusammen, als sie seinen Namen erwähnte.

»Und das Kälbchen auch«, fügte sie hinzu.

Ich sah meine Schwester an. Wo war meine Gefährtin von einst geblieben?

»Ich fahre jedenfalls nie wieder dorthin.« Mir fehlten die Worte, ich fühlte nur Ekel; mein Körper war randvoll davon.

Ein paar Monate später habe ich meiner Mutter erzählt, was auf dem Biobauernhof geschehen war.

»Das ist ja schrecklich.« Sie nahm mich in die Arme und wollte mich trösten.

Als mein Vater abends kam, war seine Reaktion ähnlich. »Entsetzlich.«

Ich war gespannt, was geschehen würde. Es geschah nichts. Mein Vater setzte sich und betete für mich. Halleluja. Doch er stellte diesen Mann nie zur Rede. Sein Schweigen bestätigte meine Selbstvorwürfe: Die eigentliche Schuld lag bei mir, mein sündiger Körper hatte den fremden Mann verführt.

Ich kratzte die letzten Haferflocken aus der Schüssel.

Frau Doktor Braumann hatte uns erklärt, daß wir unser Verhalten ändern könnten, wenn es uns bewußt würde. Sie forderte uns auf, darauf zu achten, in welchen Situationen unseres Lebens wir aßen. Wer den Auslöser für einen Freßanfall erkenne, könne den Impuls umleiten. Doch ich vermochte kein einheitliches, sich wiederholendes Muster hinter meinem Drang zu essen zu entdekken. Manchmal packte er mich im Schlaf, manchmal, wenn ich mir morgens die Zähne putzte oder wenn ich in der Straßenbahn saß. Er kam, wenn ich alleine im Bett lag, oder wenn Toni mich küßte. Er war allgegenwärtig und brach ohne Vorwarnung los.

In dieser Nacht blieb das Tier überraschenderweise ruhig. Als ich den Apfelstrudel auf dem Tisch sah, fiel ich nicht über ihn her. Statt dessen aß ich mit Doktor Braumanns Ratschlägen im Ohr Haferflocken; und ich genoß sie sogar. Ich dachte daran, daß sie meinem Körper Eiweiß, Kohlenhydrate und Ballaststoffe zuführten.

In dieser Nacht in der dunklen Küche haßte ich meinen Körper nicht. Für eine Weile herrschte Frieden zwischen ihm und mir. Für einen Augenblick, so lange, wie man braucht, um tief Luft zu holen, spürte ich, wie mein Leben auch aussehen könnte. Es war, als würde ein Schleier gelüftet und der Blick fiel auf eine Frau, eine normale Frau mit einem normalen Eßverhalten, frei von unmoralischen Freßzwängen, frei von Gier.

Doch warum das alles so war, weshalb ich den Apfelstrudel in dieser Nacht so leicht beiseite schob, das hätte ich nicht sagen können.

Kathrin und ich saßen in der Kantine.

»Warum hast du dich geweigert, bei dem Gruppenspiel mitzumachen?« fragte sie.

»Weil mir solche Spielchen zu albern sind.«

Doktor Braumann hatte alle aufgefordert, sich nacheinander auf den Boden zu legen; eine andere Frau aus der Gruppe sollte jeweils unsere Konturen auf einem Streifen weißer Tapete nachzeichnen.

»Ich weiß, wie dick in bin. Dazu brauche ich nicht auch noch ein Plakat, das mir das vor Augen führt.« Ich sagte nicht, daß ich die Absicht der Therapeutin durchschaut hatte. Braumann wollte uns demonstrieren, daß unsere Körper Gewicht hatten, im bildlichen Sinne; daß sie Spuren hinterließen und konkreter waren als diese abstrakten Ideale, denen wir hinterherhungerten. Das änderte aber nichts an dem eigentlichen Problem. Deshalb hatte ich mich geweigert, an diesem billigen Schmierentheaterstückchen mitzumachen. Ich konnte selbst entscheiden, was gut für mich war.

Kathrin sah aus dem Fenster. Draußen drehte sich müde ein Rasensprenger, der versuchte, dem ausgedörrten Grün im Klinikgarten etwas Gutes zu tun.

»Es wird regnen«, sagte Kathrin.

»Was ist leichter zu ertragen?« fragte ich übergangslos. »Die große Sintflut oder der berühmte Tropfen auf dem heißen Stein?« Ohne daß ich etwas hätte erklären müssen, verstand Kathrin, daß ich mit der Sintflut unser hemmungsloses Fressen meinte und mit dem Tropfen auf den heißen Stein Doktor Braumann und ihr therapeutisches Unterfangen. Kathrin zuckte mit den Schultern.

Wir saßen uns eine Weile gegenüber, keine von uns sagte ein Wort. Irgendwann begann es tatsächlich zu regnen. Ich bemerkte, wie Kathrin heimlich zur Kuchenvitrine hinübersah.

»Glaubst du, du kannst sie bremsen?« sprach ich sie direkt auf ihre Gier an.

»Ich weiß nicht. Vielleicht. Ich . . .« Kathrin holte tief Luft und sah mir in die Augen. »Ich muß dir etwas sagen. Bisher weiß es nur Frau Doktor Braumann: Heute ist mein letzter Tag in der Gruppe. Morgen beginne ich eine Entziehungskur.«

»Ich denke, das machen wir alle hier, gewissermaßen.«

»Du verstehst mich falsch. Eine stationäre Entgiftung. Ich bin tablettenabhängig.« Kathrin hielt kurz inne. »Die Bulimie war nur ein Versuch, meine Sucht umzuleiten. Als ich mir die Tabletten nicht mehr leisten konnte, habe ich angefangen zu essen. Und irgendwann zu kotzen, damit ich noch mehr essen konnte.« Kathrin griff meine Hand. Sie zitterte. »Ich mag dich, darum wollte ich mich von dir verabschieden.«

Draußen goß es jetzt in Strömen.

Es war das erste Mal, daß ich Kathrin aufgelöst erlebte. Bislang hatte sie stark gewirkt, beherrscht und belastbar. Wenn die anderen in der Gruppe mich mit ihren Fragen in die Enge trieben, stand sie mir oft bei.

»Frau Doktor Braumann hat mir geholfen, einen Platz in einer Klinik zu bekommen.«

Erst vor zwei Tagen hatte Kathrin erzählt, unter welchen Umständen sie aufgewachsen war: Sie war die Tochter einer schizophrenen Mutter, die halluzinierte und Stimmen hörte. Kathrin hatte hilflos danebengestanden, wenn ihre Mutter wieder einmal vor einer Vase kniete, und behauptete, daraus Botschaften zu empfangen. Sie hatte Angst gehabt. Sie mochte nicht allein mit der Mutter in der Wohnung bleiben. Der Vater kam selten nach Hause, und so übernachtete Kathrin oft bei den Nachbarn. Gleichzeitig wollte sie vermeiden, daß jemand von den Verrücktheiten ihrer Mutter erfuhr. Sie hatte gelogen und vertuscht und sich durchs Leben geschwindelt.

Als Kathrins Vater eines Nachts betrunken mit dem Auto die Einfahrt hochgerast war, ihr Fahrrad dabei zu

Schrott gefahren und sie anschließend dafür verprügelt hatte, zog sie aus. Sie finanzierte sich ihr Studium selbst und begann eine Therapie. Dann wurde die Mutter in eine geschlossene Anstalt eingewiesen. Kathrin betäubte den Schmerz mit Tabletten. Später arbeitete sie als Lektorin in einem großen Verlag.

»Durch die Geschichten habe ich überlebt. Durch die, die ich las, und noch mehr durch die, die ich mir ausdachte. Die Geschichte meiner Kindheit habe ich so oft erzählt und verändert, bis sie mir gefiel.« Draußen prasselten noch immer dicke Tropfen vom Himmel. »Ich muß jetzt versuchen, die allererste Version dieser hundertfach veränderten Geschichte wiederzufinden. Ich habe mein Ich verloren bei den vielen Bemühungen, mein Leben zu beschönigen.«

Ich wollte Kathrin umarmen, doch ich traute mich nicht, diese Frau, die so viel älter war als ich, zu berühren.

»Eine meiner Geschichten handelte von einem Vater, der seiner Tochter schwor, daß sie die schönste Prinzessin unter der Sonne sei.« Sie putzte sich die Nase und lächelte. »Eines Nachts brannte er ihr als Beweis seiner Liebe ein rotes Herz auf den Arm. Als sie am nächsten Tag Kaffee über dem Tisch vergoß, holte er seinen Brennstab und stach ihr das Zeichen seiner Liebe wieder aus der Haut heraus.«

Ich zuckte zusammen und schob meine Arme unter den Tisch.

»Ich bin gut«, stellte Kathrin mit einem leisen Lächeln fest.

»Nein«, antwortete ich. »Jetzt bist du gemein. Du hast mich erschreckt.«

»Ich beneide dich, meine Liebe. Du mußt nur eine Bulimie kurieren. Ich muß meinen Verstand heilen.«

Als wir nach dem Mittagessen zum Therapiezimmer zurückgingen, schlug uns bereits auf dem Flur Irinas schrille Stimme entgegen.

»Wir leben in einer Gesellschaft, in der alle Frauen versuchen, zu kleinen Abziehbildern einer großen Superfrau werden«, schrie sie und stapfte völlig außer sich mit ausholenden Gesten quer durch den Raum. »Wie wandelnde Röntgenbilder wollen sie aussehen. Und niemand gibt zu, daß das brutale Anstrengungen erfordert!« Mit ihrem wilden Blick und den vom Erbrechen aufgeschwemmten Wangen sah Irina aus wie eine feuerspeiende Irre. »Niemand weiß, daß ich mir meine Traumfigur erkotze!«

»Und wenn irgendein Supermodel doch mal in einem Interview erzählt, daß sie ab und zu ein paar Tage fastet, dann hat das etwas Glamouröses«, rief Michelle aufgebracht dazwischen. »Das ist asketisch und irgendwie edel.«

Ich sah Kathrin an. Ich wollte zurück in die Kantine. Dorthin, wo ich mich eben noch in der freundschaftlichen Nähe zu ihr geborgen und wertvoll gefühlt habe. Hier herrschte eine wütende, zerstörerische Spannung, die ich nicht ertrug.

»Oft wirken solche Äußerungen noch wie ein Ansporn«, grollte Maria.

»Wenn diese Göttinnen schon hungern müssen, um schön zu sein, dann müssen wir irdische Frauen erst recht einiges auf uns nehmen.« Auch Susanne war haltlos.

»Wir leben in einer Risikogesellschaft, was zählen da heute schon die Folgen von morgen!« Irina schäumte. »Unsere leistungsorientierte Gesellschaft verlangt nach vielseitig belastbaren Frauen. Nach dem Preis fragt niemand.«

Frau Doktor Braumann saß schweigend auf ihrem Stuhl.

In den vergangenen Tagen hatte sie mehrmals während heftiger Auseinandersetzungen einschreiten müssen. Ihr Versuch, Frauen mit unterschiedlichen Eßstörungen in dieser Therapiegruppe zusammenzubringen – Fettsüchtige, Magersüchtige und Bulimikerinnen –, war ein Experiment. Man hoffte, daß die betroffenen Frauen auf diese Weise mehr Verständnis für das komplexe Phänomen der Eßstörung bekämen.

Auch waren die Grenzen zwischen den verschiedenen Krankheiten teilweise fließend: Ich selbst war zunächst magersüchtig gewesen, bevor ich zur Bulimikerin wurde. Die Krankheiten schlossen einander nicht aus. Allerdings mußte in einer gemischten Gruppe die Therapeutin häufiger erklärend in Gespräche eingreifen. Sie mußte die verschiedenen Krankheitsbilder voneinander trennen und versuchen, sie den einzelnen Beteiligten verständlich zu machen. Und sie mußte verhindern, daß sich Fronten bildeten, daß beispielsweise die Magersüchtigen sich nicht über die Bulimikerinnen erhoben und sie wegen mangelnder Disziplin als zügellose kotzende Monster verachteten. Die beschimpften dann in der Regel die Magersüchtigen als harmlose Hungerhaken und bemitleideten sich selbst: Magersucht wurde von der Gesellschaft als Krankheit begriffen, die elend dürren Körper weckten bei den meisten Menschen schlimmste Assoziationen. Bulimie dagegen galt gemeinhin als eine Macke frustrierter Emanzen, deren einziges tatsächliches Problem darin bestand, daß sie mit dem gängigen Schönheitsideal nicht zurechtkamen.

Die Fettsüchtigen ihrerseits riefen Abscheu an allen Fronten hervor. In einer Welt, in der Schlanksein mit Schönsein gleichgesetzt wurde, lebten sie unter dem ständigen Druck, abnehmen zu müssen. Weil sie sich psychisch zu wenig abgrenzen konnten, versuchten sie, sich ihre Probleme und ihre Mitmenschen durch einen physischen Schutzwall vom Leib zu halten. In Krisensituationen jedoch wurde diese Isolierschicht rissig.

Es war ein kompliziertes Arrangement, und in Momenten wie diesem, wenn die Aggressionen hoch- und überkochten, zweifelte ich an Braumanns Konzept.

»Wenn ihr die Schuld nur im Außen sucht, bei den Modemagazinen, den Models, dem Fitneßkult, dann vergeßt ihr, daß ihr selbst an dem beteiligt seid, was ihr tut.« Jetzt mischte sich Doktor Braumann doch ein. »Ihr seid nicht nur Objekte, ihr seid auch Subjekte. Vergeßt das nicht. Genau darin liegt nämlich eure Chance.«

Du hast gut reden, dachte ich bitter. Ich ging hinaus, schloß die Tür hinter mir und verließ den hysterischen Zirkus.

Kurze Zeit nach Kathrins Abschied verließ auch ich die Therapiegruppe. Meine Entscheidung hatte mehrere Gründe.

Ich hatte es zeitweise als Erleichterung empfunden, offen über meinen Hunger sprechen zu können, doch ich merkte, daß ich an Grenzen stieß, wenn Doktor Braumann mich aufforderte, über meine Geschichte und meine Gefühle zu reden. Ich war bereit, mich auf manche Auseinandersetzungen einzulassen, und sah auch die Notwendigkeit, etwas an meinem Eßverhalten zu verändern. Ich war jedoch nicht bereit, meine Vorstellung von mir und meinem Leben gänzlich umzudrehen; dafür gab es meiner Ansicht nach keine Veranlassung.

Ich war überzeugt, mein Eßproblem von nun an alleine in den Griff zu bekommen. Anstatt jeden Vormittag unter Schmerzen in traumatischen Kindheitserlebnissen zu wühlen, durchsichtige Gruppenspielchen zu betreiben oder aggressive Auseinandersetzungen auszuhalten, wollte ich mich lieber auf meinen Verstand verlassen. Der hatte mir bislang immer geholfen, mein Leben zu organisieren.

Ich hatte bei Doktor Braumann viel gelernt. Ich hielt mich nicht mehr für verrückt oder pervers, mein Hunger war eine Krankheit mit einem Namen. Ich kannte mich aus, wußte um die Unterschiede zwischen Magersucht, Eßsucht und Fettsucht, ich war zur Fachfrau für Eßstörungen geworden. Mein Drang zu essen war durchschaubar, faßbar, nachvollziehbar. Ich drohte nicht mehr in einem unbekannten Terrain zu versakken wie in einem Sumpf. Mit meinem neu erworbenen Wissen konnte ich mir einen Steg über den alten Morast bauen: Jede Einsicht war ein Brett, zusammen gaben sie mir Halt und Sicherheit, Boden unter den Füßen. Zudem konnte ich über mein Verhalten reflektieren und meine Eßgewohnheiten beobachten. Ich war sicher, daß mir all das helfen würde, in Zukunft besser mit meiner Bulimie zurechtzukommen. Susanne, Maria, Michelle und die anderen Frauen mochten bei Frau Doktor Braumann gut aufgehoben sein – ich verschwendete hier meine Zeit.

In der Uni hatte ich Schwierigkeiten, den Vorlesungen zu folgen. Noch bedrohlicher war meine finanzielle Lage, mein Geld reichte hinten und vorne nicht. Zum Arbeiten blieb mir neben dem Studium und der Therapie keine Zeit. Meine gesamte Zukunft erschien mir fragwürdig und unsicher. Es würde mir nicht ewig gelingen, eine Balance zwischen mehreren kraftraubenden Herausforderungen zu halten. Ich mußte etwas verändern. Ich mußte aufhören, mein Leben wie durch ein Mikroskop zu betrachten und zu analysieren, während der äußere

Rahmen meiner Existenz aus den Fugen geriet. Ich mußte handeln. Was ich brauchte, war eine solide finanzielle Basis, Sicherheit. Als man mir einen Job in einem Hotel in Deutschland anbot, griff ich zu.

Am letzten Tag in der Klinik bat Frau Doktor Braumann mich noch einmal in ihr Zimmer.

»Irgendwann wirst du deinen Körper akzeptieren können, wie er ist. Je mehr du lernst, deine Gefühle zuzulassen und auszuleben, desto weniger wirst du sie zustopfen oder auskotzen müssen.« Ich hörte zu, ohne ein Zeichen innerer Regung. »Sich selbst kennenzulernen ist ein mühevoller Weg, und man muß ihn Schritt für Schritt gehen. Abkürzungen oder Schleichwege gibt es dabei nicht.«

»Ich glaube, ich verstehe, was Sie mir sagen wollen«, antwortete ich nach einer Pause. Sie hatte mich durchschaut. Sie spürte, daß ich nicht bereit war, mich restlos preiszugeben. Mit ihrer ruhigen, bestimmten Art legte sie ihren Finger zielsicher genau auf die Wunde. »Ich weiß, daß ich zu meinen Gefühlen stehen muß, daß ich sie nicht verleugnen darf. Ich weiß es, mein Kopf begreift das. Aber ich kann mich nicht entsprechend verhalten. Zwischen meinem Denken und meinem Fühlen beziehungsweise Handeln besteht ein ständiger Widerspruch.«

»Ich nehme an, du weißt, daß du nicht dick bist. Wer Kleidergröße 36 trägt, ist nicht dick. Du versteckst dich hinter einer Floskel.«

Ich dachte an die Nachmittage, an denen ich vor dem Spiegel gestanden und mein Spiegelbild dafür gehaßt hatte, daß es so abstoßend und unerträglich fett war. Ich erinnerte mich an die Kleiderschranktür in Graz, die ich absichtlich wieder und wieder auf meine Finger geschlagen hatte, aus Verzweiflung über

94

meinen häßlichen Körper. Die gequetschten Finger sollten mich ständig an ihn erinnern und mahnen, wenn ich wieder nach dem Brotkasten griff, wenn ich nachts in die Küche schlich und das Frühstück einer fünfköpfigen Familie verschlang.

»Das Gefühl, zu dick zu sein, wirkt wie ein Stoßdämpfer. Alle möglichen anderen Emotionen – Wut, Enttäuschung, Traurigkeit, innere Leere – werden abgefangen. Man spürt nicht, wie einem eigentlich zu Mute ist, man findet nur, man sei zu dick – und kennt ein Rezept dagegen. Doch eine Diät ist nur ein scheinbares Heilmittel, sie kann die Wut oder Traurigkeit hinter diesem Satz ›Ich bin zu dick‹ nicht lindern.«

»Das habe ich inzwischen auch begriffen«, antwortete ich. »Aber ich kann mich jetzt nicht weiter damit beschäftigen. Im Moment ist es wichtiger, etwas mehr Stabilität in mein Leben bringen.«

Braumann sah mich unverwandt an. Ich war an dem Punkt, an den sie mich vor meinem Abschied hatte bringen wollen.

»Ich kenne deine Hast. Und du erinnerst dich vielleicht, daß ich dir ganz am Anfang schon einmal erklärt habe, daß dieses notorische Gefühl, etwas zu verpassen, ein ganz typisches Symptom der Bulimie ist. Wenn du deinem Körper die Nahrung verweigerst, versetzt du ihn in eine Art Alarmbereitschaft. Er wird unruhig. Der Verstand sucht nach Auswegen aus dieser bedrohlichen Situation. Hält dieser Zustand über Jahre hinweg an, entsteht ein Grundgefühl chronischer Hetze. Der Hunger des Körpers löst auch einen seelischen Hunger aus, und der will gestillt werden – durch Essen, durch Drogen, durch Konsum, durch was auch immer.«

Frau Doktor Braumann griff in eine Schublade und

schob die Broschüre einer Beratungsstelle für Eßstörungen über den Tisch.

»Unsere Gefühle sind ein Kompaß in unserem Leben. Darum ist es wichtig, daß wir sie wahrnehmen und zulassen.« Sie reichte mir zum Abschied die Hand.

Dann drehte ich mich um und verließ die Klinik.

Lebenshunger

Wien lag im Partyfieber. Die Szene feierte sich, und man lebte gierig. Kurze Zeit nannte die Welt das ›Fun-Kultur‹. Auch ich wollte mitmachen bei diesem tobenden Vergnügen.

Gerd, ein Freund aus Salzburger Tagen, war überrascht gewesen, als ich ihn eines Nachts angerufen hatte. Er war zu Hause der einzige Junge unter fünf Schwestern gewesen. Nachdem bald klar war, daß wir nicht mehr als eine platonische Beziehung haben würden, hatten wir damals viel Spaß miteinander gehabt. Jetzt hatte ich wieder einmal beschlossen zu studieren und wollte nebenher etwas Geld dazuverdienen, um die hohen Studiengebühren bezahlen zu können. Mehr im Spaß denn im Ernst machte Gerd mir das Angebot, in seinem Wiener Restaurant zu arbeiten, war dann aber doch erstaunt, daß ich es ohne lange zu überlegen annahm.

Ich könne während der ersten Wochen gern bei ihm wohnen, hatte er noch gesagt; ich müßte mich allerdings mit einer gewissen Bescheidenheit zufrieden geben. Er lebe immer noch in seiner alten Studentenbude, das Geschäft fresse ihn auf, nicht einmal Zeit zum Umziehen bleibe ihm vor lauter Arbeit. Nun standen wir uns in einem Apartment von der Größe einer durchschnittlichen österreichischen Garage gegenüber.

»Servus!« Ich stellte meinen Koffer ab, sah mich um und deutete auf das Etagenbett rechts in der Ecke neben dem Herd.

»Schläfst du oben oder unten?«

»Oben«, lächelte er. »Und das wird auch so bleiben.«

Gerd half mir, das Bett zu beziehen, zeigte mir, wie der Anrufbeantworter funktionierte, und wie man dem Boiler unter der Spüle warmes Wasser abrang. Dann kochte er uns einen Kaffee.

»Wenn du Lust hast, zeige ich dir am Wochenende die Stadt. Ich kann mir leider erst am Samstag freinehmen, aber dann können wir überall da hin, wo man sich hier trifft.«

»Gerne«, antwortete ich. Doch auf etwas war ich noch neugieriger als auf das wilde Wiener Leben. »Wo ist das nächste Sportgeschäft? Ich möchte mir Rollerblades kaufen, die sind in den USA der Hit fürs tägliche Oberschenkeltraining.«

»Nach einem Sportgeschäft hat mich noch keiner meiner Besucher gefragt, schon gar nicht am ersten Tag.« Gerd war baff. »Bist du auf dem Fitneßtrip?«

»Nein, nein«, wiegelte ich ab. »Ich habe diese Dinger in Denver mal ausprobiert und fand sie klasse. Aber in Salzburg findest du sie in keinem einzigen Geschäft.« Wien sollte ein neuer Anfang werden, und ich wollte Gerd, der von meiner Bulimie nichts wußte, nicht gleich am ersten Tag mißtrauisch machen.

Gerd zog ein Messer aus der Schublade und ging zum Kühlschrank.

»Magst du ein Stück Kuchen zum Kaffee?«

»Nein, danke.« Die Antwort kam wie aus der Pistole geschossen. »Ich habe im Zug zwei Sandwiches gegessen, die liegen mir immer noch im Magen.« Ich log, zum zweitenmal innerhalb einer Viertelstunde. Tatsächlich hatte ich während der Fahrt nur Wasser und Diät-Cola getrunken, mir knurrte der Magen. Doch ich wollte es nicht riskieren, meine Gier zu wecken; jeder Bissen könnte der Beginn eines Anfalls sein. Und ich hatte in dieser fremden Stadt die Infrastruktur in Sachen Hunger ja noch nicht erschlossen: Weder kannte ich Lebensmittelgeschäfte, in denen ich mich versorgen konnte, wenn ein oder zwei Stück Kuchen einen Anfall auslösten, noch wußte ich, wann Gerd für gewöhnlich aus dem Haus ging. Ich hätte in diesem Wohnklo nichts hochwürgen können, ohne daß er es nicht sofort mitbekommen hätte. Das neue Leben stellte mich gleich zu Beginn auf die Probe.

Nachdem ich die Klinik in Salzburg verlassen hatte, lebte ich ein halbes Jahr in Deutschland und betreute Gäste in einem arrivierten Mittelklassehotel. Die Arbeit gefiel mir; ich bot Kurse in Wassergymnastik für die Erwachsenen an und zog mit den Kindern in die Heidelbeerfelder. Das Hotel lag in den Bergen, in einer Idylle mit grünen Wiesen, glücklichen Kühen, majestätischen Gipfeln und gesunder Luft. Diese geballte heile Welt tat mir gut nach den Jahren der atomaren Bedrohung in meinem Elternhaus und der großen Sinn- und Perspektivlosigkeit der Salzburger Studentenzeit.

Das Geld, das ich verdiente, reichte gerade, um meine weiterhin regelmäßig auftretenden Heißhungeranfälle zu finanzieren – auch das war ein Fortschritt. Ich stand auf eigenen Beinen, und das gab mir eine völlig neue Sicherheit.

Obwohl ich weiterhin unkontrolliert aß und danach alles wieder erbrach, betrachtete ich mich als geheilt. Die Therapie bei Doktor Braumann hatte mir das jahrelange Gefühl der Ohnmacht genommen. Die Bestie war lebendig, doch dank meines Wissens über die Krankheit konnte ich sie nun sozusagen an der Leine Gassi führen. Ich lebte mit der Bulimie und nicht mehr die Bulimie mit mir; das war ein Erfolg. Ich konzentrierte mich darauf, meine

Freßwut zu beobachten und meinen Umgang mit dem Essen besser zu kontrollieren als früher. Wenn mir das gelang, war ich glücklich.

Am Ende der Saison zog ich zurück nach Österreich, fand eine Stelle als Marketingassistentin im Hotelmanagement und begann meinen ersten ordentlichen Job. In Wien wollte ich nun eine Tourismusausbildung an der Wirtschaftsuniversität beginnen. Außerdem war mir die Provinz inzwischen zu fade geworden.

Der Job im Restaurant eröffnete mir eine völlig neue Welt. Die Gäste gehörten zur besserverdienenden Gesellschaft Wiens. Beinahe jeden Abend nach meinem Dienst zog ich mit einigen Freunden durch die nächtliche Szene der Stadt. Meist rief Antoine, der französische Barkeeper, nach mir, wenn ich noch an der Computerkasse stand und die tägliche Abrechnung kontrollierte.

»C'est pour toi«, grinste er breit und hielt mir den Telefonhörer entgegen. In süffisantem Ton setzte er hinzu: »Dein Partyservice, Süße.«

»Was du nicht sagst!« gab ich lächelnd zurück. Alle wußten, daß ich, sobald wir die Stühle hochstellten, auf einen Anruf von Marco wartete. Er und Gerd waren meine *Guides* im Wiener Nachtleben.

»Na, wie sieht's aus?« fragte die Stimme am anderen Ende der Leitung. »Wenn du dich beeilst, triffst du uns noch im ›Salzamt‹.« Oder im »Café Engländer«. Marco war einfach eine zuverlässige Quelle für interessante Treffs.

Als ich an diesem Abend vor dem »Salzamt« aus dem Taxi stieg, wartete Marco am Eingang. Mit einem Augenzwinkern in Richtung Türsteher schob er mich an den Wartenden vorbei. Drinnen war die Luft rauchgeschwängert und die Stimmung so ausgelassen, wie die Anwesenden es erwarteten.

»Schau, die Blonde dort drüben«, raunte Marco. »Das ist Monique.« Die Frau, in deren Richtung er lächelte, war eindeutig ein Model. Ich erkannte es an ihrem braunen Lippenstift, dem terracottafarbenen Puder und ihrem sonst blassen Gesicht. Das Styling unter uns Frauen offenbarte ihre Gruppenzugehörigkeit. Langsam drehte sie ihren schlanken Körper in Marcos Richtung. Sie war groß, hatte nicht endenwollende Beine und trug ein schwarzes Kleid, in dem sie sich nur unter Einhaltung höchster Sicherheitsvorkehrungen bewegen konnte. Sie sah phantastisch aus.

»Wir haben Monique vorhin beim ›Zimmermann‹ getroffen. Sie will ins ›Splendid‹. Wir haben nur noch auf dich gewartet.« Kurz darauf hängte sich Monique bei Marco ein und führte uns zur nächsten Party.

Das »Splendid« war der coolste Club der Stadt, absolut in, weil kaum jemand außer den üblichen Szenenangehörigen die neue Adresse kannte. Diese auserwählten Eingeweihten drängten sich allerdings vor dem Eingang, als wir ankamen. Bibbernd reihten wir uns in die Schlange ein. Der Himmel war schwarz, der Wind eisig, Monique fror sichtlich in ihrem Hauch von Kleid. Von drinnen hörte man die wummernden Bässe der Musik. Am Straßenrand hielt ein Taxi. Die Beifahrertür flog auf, und eine Nanosekunde später stürzte ein blonder Riese an uns vorbei.

»Hi, euer Boß wartet auf mich«, bellte er den Türstehern entgegen.

»Stehst du auf der Liste?«

Monique und ich warfen uns einen Blick zu.

»Los«, stieß Monique mich an. »Mit dem können wir noch unseren Spaß haben.« Im selben Moment nickte uns der Türsteher zu. Wir hakten den blonden Wichtigtuer unter und lächelten herausfordernd. Mit einer Frau links und einer rechts am Arm öffnet sich manche Tür.

So lernte ich Peter kennen.

Peter und ich zogen durch die Nachtlokale, und meist landeten wir am frühen Morgen in seiner Wohnung, von der aus man einen atemberaubenden Blick über Wien hatte. Als ich in der ersten Nacht am Geländer seines Balkons lehnte, maß er mich von Kopf bis Fuß.

»Dein Körper macht mich ziemlich an.« Er hielt zwei Gläser in der Hand und reichte mir eines. Seine laute, selbstherrliche Art war so widerlich wie seine wulstigen Lippen und die weiße Haut, durch die bläulich die Adern schimmerten. Ich fand ihn abstoßend wie nie einen Mann zuvor; und genau das faszinierte mich.

»Ja?« fragte ich herausfordernd. Mir schien, daß ich Macht über diesen Mann hatte. Ich zog ein Bein leicht an, so daß mein Rock ein Stück den Schenkel hochrutschte. Er kam einen Schritt auf mich zu.

»Jeden Tag Jogging und ein paar Fitneßübungen – das kann sich sehen lassen.« Meine Stimme klang fremd. Ich erkannte mich nicht wieder. Wie kam ich dazu, meinen Körper, den ich fett und abstoßend fand, so zu präsentieren? Noch dazu diesem schmierigen Kerl? Meine gespielte, provokante Selbstsicherheit war für ihn der Anpfiff zum Angriff.

»Komm, laß uns reingehen.« Er preßte sich an mich und fummelte an meinem Rock herum. Sein Atem stank nach Zigarre.

Ich hätte gehen können und hätte ihn nie wiedersehen müssen. Ich spürte, wie sich der Ekel in meiner Kehle zusammenballte – und blieb.

Seine Finger irrten hektisch über meinen Körper. Mit

koketten Gesten heizte ich ihn weiter an. Er keuchte und rieb meinen Busen, als wollte er ein Feuer auf ihm entzünden. Die Unsicherheit, die mich tagsüber begleitete, war verflogen, und mein Körper ein Instrument, das ich dirigierte, das ich schnell und zielsicher einsetzte, um die Situation und diesen Mann zu kontrollieren. Ich fühlte eine berauschende Energie. Ich stand neben mir, beobachtete mich, analysierte die Situation und gab Anweisungen. Ich kontrollierte diesen Akt. Je mehr ich mich entzog, desto heftiger griffen die geilen Hände nach mir. Ich hatte Macht. Macht über diesen Mann, über meinen Körper, Macht sogar über meinen Ekel vor beidem.

Peter war ein Spiegel für mich, in dem ich einen extremen Teil meines eigenen Selbst wiedererkannte; so wie vor seinem ekelte ich mich sonst nur noch vor meinem eigenen Körper. Als es mir gelang, den Ekel vor Peter aus meinem Empfinden zu streichen, gelang es mir auch, meinen Ekel vor mir selbst zu vergessen. Ich konnte meine Empfindungen sauber sezieren und von mir abtrennen und mich nur diesem subtilen, klirrenden Spiel hingeben. Das war kein wohliges, aber ein sehr vertrautes Gefühl; es war die Kälte, die meine innere Heimat war. Eine unüberbrückbare Einsamkeit in einem Moment, in dem man einem anderen Menschen hätte nahekommen können.

Später legte er eine Platte von Elvis auf.

»Du hast Geschmack«, sagte ich mit harter Stimme und zündete mir eine Zigarette an. Billiger hätte es nicht kommen können, dachte ich. Ich saß auf einem weißen Stuhl, der wie eine Lichtinsel in der dunklen Nacht stand, und starrte auf den bulligen Körper, der jetzt wieder Distanz zu mir hielt. Dann stand ich auf, zog mich an und verließ ohne ein Wort die Wohnung.

Im Fahrstuhl rieb ich mit der Bluse durch mein Gesicht, spuckte auf einen Zipfel und fuhr wild über meinen Mund, meine Augen, Ohren und den Hals, rubbelte durch meine Haare. Unten auf der Straße musterte mich wortlos eine alte Frau.

Das Spiel dauerte mehrere Wochen. Peter führte mich in schicke In-Treffs oder in Restaurants, in denen ich teures Essen in edle Marmorklos erbrach; später gingen wir zu ihm. Er genoß meinen jugendlichen Körper und ich die Zeit, in der ich meinen Ekel vor mir selbst nicht spürte und mich nur dem verrückten Rausch der Macht hingab, die ich über diesen hechelnden, widerlichen Mann hatte. Ich spielte Lust vor, die ich nicht spürte. Ich zeigte nicht mein wahres Gesicht. Ich verausgabte mich, so wie Männer es reizvoll finden, und erweiterte meine Kontrollmöglichkeiten um einen entscheidenden Machtbereich. Ich bewies mir, daß ich alles im Griff hatte, und genoß dieses Wissen.

Anschließend fuhr ich immer nach Hause; ich habe nie in Peters Wohnung übernachtet. In meinem Bett kuschelte ich mich mit meinem Teddy unter die Decke, bis ich einschlief.

Nach Peter schwitzten noch andere auf mir. Doch obwohl ich meinen Körper bewußt in Szene setzte, verstand ich nie wirklich, was diese Fremden anzog. Stand ich zu Hause vor dem Spiegel, bot sich mir ein Bild des Grauens. Mein Körper war durchtrainiert; ich hatte mir endlich Rollerblades gekauft und zog jeden Morgen meine Runden im Stadtpark. Doch mein Bauch glich einer Kugel und meine Haut war gezeichnet von den Jahren der Bulimie: über die Schenkel zogen sich Besenreißer vom vielen Zu- und Abnehmen und um die Hüften spannte sich ein Netz blaßgelber Streifen. Am meisten haßte ich die Orangenhaut auf meinem Po; sie ließ sich mit keiner Gymnastik wegturnen. Mit Heftpflaster klebte ich meine Pobacken ab, um festzustellen, wie sie aussähen, wenn ich sie liften ließe.

Wenn jemand Lust auf diesen abstoßenden Körper verspürte, dann hatte er ihn in seiner ganzen elenden Widerwärtigkeit verdient.

Leer ist es. In mir und draußen. Einsam; trostlos; finster.
Langeweile, Sinnlosigkeit.
Wer bin ich denn?
Unruhe. Unruhe vertreibt die Leere. Unruhe sorgt für Aktivität. Machen, machen, machen. Haben, haben, haben. Masse, Konsum, Parties, Männer mit tollen Autos, teure Kleider.
Essen.
Die Illusion einer sättigenden Essenz in meinem leeren Leben.
Wer bin ich denn? – Ein Spielball.
Verlust der Selbstbestimmung, sagte die Therapeutin.
Ich passe mich an. Ich verdecke. Etwas Grausiges. Ich lenke ab, von meinem kranken Ich.
Wer ist dieses Ich und warum ist es krank?

Gerd begann, sich Sorgen zu machen. Seit ich die Männer wechselte wie Hemden, sahen wir uns immer seltener. Trotzdem fiel ihm auf, daß ich dünner wurde; ich wog wieder 51 Kilo. Eines Nachts kam er nach Hause und fand mich vor dem Kühlschrank, in der Hand eine Tube Senf.

»Senf ist das beste Mittel, um nüchtern zu werden«, antwortete ich unwirsch und spritzte einen dicken Schuß gelbe Paste in meine Kehle. Gerd kam auf mich zu, nahm mir die Tube aus der Hand und drückte mich sanft auf einen Stuhl.

»Es geht mich ja nichts an, aber du lebst nur noch von Kaffee, Zigaretten und irgendwelchem Blödsinn wie diesem Senf, den du mitten in der Nacht aus dem Kühlschrank hervorholst. Willst du dich zu Grunde richten?«

»Es ist schon okay.« Ich konnte diesen besorgten Tonfall nicht leiden; er erinnerte mich an meine Mutter. »Es ist lieb, daß du dir Gedanken um mich machst, Gerd, aber es ist wirklich alles in Ordnung. Ich nehme ein bißchen ab, weil meine Röcke kneifen, kein Grund zur Besorgnis.«

»Warum ißt du nicht regelmäßig im Restaurant? Statt morgens um vier Senftuben zu leeren, solltest du einmal täglich etwas Warmes zu dir nehmen.«

Vor Angst, die Bestie zu wecken, aß ich nie etwas vor oder nach der Arbeit. Ich traute mich nicht einmal, einen kleinen Imbiß anzurühren. Stets war ich bemüht, meine Eßgewohnheiten strengstens zu kontrollieren. Im Restaurant wäre es leicht gewesen, viel leichter als zu Hause, zur Toilette zu gehen und mich unbemerkt zu übergeben. Doch das regelmäßige Erbrechen laugte mich aus. Doktor Braumanns Ratschläge halfen nicht mehr, die unberechenbaren Anfälle zu unterdrücken. Ich sehnte mich nach einem symptomfreien Leben. Also aß ich nichts und rutschte, ohne es zu merken, in eine neue Phase der Magersucht.

»Das ändert sich alles, wenn ich mich erst wieder richtig verliebe«, sagte ich, schraubte die Senftube zu und legte sie zurück in den Kühlschrank. Ratlos sah Gerd mich an.

»Gute Nacht.«

In Wien traf ich meine alte Freundin Clara wieder; sie hatte in der Tat eine für örtliche Verhältnisse recht ordentliche Karriere als Model gemacht. Die Art, wie

Clara lebte, und die Selbstverständlichkeit, mit der ich durch die Welt der Wiener Studentennachtclubszene zog, führten uns fast zwangsläufig zueinander. Einige Wochen nach unserem Wiedersehen fand ich in der Post eine Einladung zu ihrer Hochzeit.

Claras Bräutigam war ein sehr wohlhabender Finanzberater. Beide lebten in einer Villa am Rande Wiens; sein Hochzeitsgeschenk war ein kostbarer Flügel, der ein paar Millimeter zu breit war, um durch die Eingangstür zu passen. Als ich Clara anrief, um ihre Einladung anzunehmen, versuchten gerade vier Männer von einer Spedition dieses Problem zu lösen. Clara stand kurz vor einem Nervenzusammenbruch.

»Kannst du nicht kommen und mir bei den Vorbereitungen helfen?« jammerte sie. »Ich werde noch verrückt.«

Da ich mir gerade ein paar Tage freigenommen hatte, fuhr ich zu ihr. Als eigentliches Problem erwies sich jedoch nicht der zu groß geratene Flügel, sondern das Hochzeitskleid. Clara war schlank, aber der weiße Traum aus Tüll in ihren Händen war schlanker; er wollte partout nicht über die Hüften rutschen. In der vergangenen Woche hatte sie zwei Kilo zugenommen, nun mußte sie dafür büßen. Claras Schönheit wirkte beinahe übernatürlich, unheimlich. Mit einer gewissen Schadenfreude registrierte ich, daß selbst sie noch zu fett war. Ich hätte um nichts in der Welt zugegeben, daß ich sie zutiefst um ihre Karriere und ihre Figur beneidete. Hilfsbereit bot ich an, ein paar Knöpfe zu versetzen.

Die Feier dauerte zwei Tage. Das Büfett war vom führenden Feinkostunternehmen der Stadt geliefert worden. Lachs-Kanapees türmten sich neben edlen Käsesorten und feinster Mousse von verschiedenen Fischen. Köstliche Terrinen in weißen Porzellanschalen standen neben Platten mit Filets Mignon. Anfangs versuchte ich, mich zu zügeln, dachte an meinen flachen Bauch und die neuen Sommerkleider. Als ich merkte, daß ich im Angesicht dieser barbarischen Mengen von Essen das Hungern der vergangenen Wochen nicht durchhalten würde, gab ich mich der Orgie hin. Während ein Orchester Bach und Debussy spielte, lud ich meinen Teller voll, zog von einem Tisch zum anderen, sorgfältig darauf bedacht, die immer gleichen Kanapees vor ständig wechselnden Gesichtern zu vertilgen. Meine Stimmung war euphorisch, ich wußte ja, wie ich die Kalorien wieder loswürde. Ich flirtete ungeniert, plauderte, traf alte Bekannte, ich sprühte vor Esprit. Mochten manche Frauen in diesen gediegenen Räumen schöner sein, teurere Kleider tragen oder eindrucksvollere Karrieren vorweisen können, ich war auf jeden Fall dünner als sie die meisten.

»Hallo.« Ich drehte mich um. Hinter mir stand ein blondes Mädchen mit auffällig rundem Gesicht. »Ich bin Linda. Clara sagte, du warst vor kurzem in Paris?« Ich schluckte einen Bissen Gratin Dauphinois hinunter.

»Ja.«

»Ich habe vor, mich in den Semesterferien dort ein bißchen umzusehen. Ich studiere Modedesign«, fuhr die Fremde fort. »Kennst du jemanden in Paris, bei dem ich wohnen könnte?« Ihre Stimme hatte einen fordernden Unterton, der mir vertraut war.

»Mhh . . . im Sommer?« Ich versuchte der Frage auszuweichen. »Paris ist furchtbar heiß im Sommer. Da fährt im Juli oder August kein Mensch freiwillig hin. Höchstens Touristen, die es nicht besser wissen.« Aus größerer Entfernung hätte ich ihr Gesicht apart gefunden, jetzt, so unmittelbar vor mir, hatte es etwas Verwirrendes. Die tiefliegenden blauen Augen wirkten müde. »Fahr lieber im Herbst.«

Lindas Blick schweifte durch den Raum, während sie mir zuhörte. Als ob sie jemanden suchen würde, aber nicht wußte, wen.

»Das geht nicht«, antwortete sie und lächelte, ein wenig künstlich. »Im Herbst muß ich wieder zur Uni. Da beginnt das Wintersemester.« Wir wechselten noch ein paar Belanglosigkeiten, dann nahm Linda ihren Teller und ging auf einen Mann zu, den sie zu kennen schien. Ich schaute ihr nach und bemerkte, wie spitz ihre Kniescheiben unter dem Kleid hervorstachen.

Ich konnte nicht länger über sie nachdenken, denn von hinten griff jemand nach meinem Arm und schob mich auf die Tanzfläche.

»Wo kommst du denn her?« Ich hatte Roberto vorher noch nicht unter den Gästen bemerkt. Wir kannten uns aus der Uni in Salzburg, hatten uns aber aus den Augen verloren. Roberto war ein Charmeur und ein begnadeter Tänzer.

»Komm, ich mach dich mit Bettina bekannt«, sagte er, als die Musik wechselte, und zog mich im Schlepptau hinter sich her, bis wir vor der Frau standen, die mich kurz zuvor noch wegen Paris ausgefragt hatte. Ich war perplex. Roberto redete wie ein Wasserfall, er war wohl ziemlich verliebt in diese Bettina-Linda. Wie hieß sie wohl wirklich und wieso wechselte sie die Namen? Erstaunlicherweise musterte sie mich jetzt mit ruhigem, sanftem Blick; keine Spur mehr von ihrer fahrigen Nervosität.

»Zuerst habe ich ihre Schwester kennengelernt.« Jetzt begriff ich: Linda und Bettina waren Zwillingsschwestern. Und sie trugen das gleiche Kleid. Wenngleich es bei Bettina etwas um die Hüften spannte.

»Fahrt ihr zusammen nach Paris, Linda und du?« fragte ich, weniger aus Interesse als aus dem Bemühen heraus, Robertos Monolog zu beenden.

»Hör bloß auf«, stöhnte Bettina und rollte mit den Augen. »Meine Schwester hat das Gefühl, etwas zu verpassen, wenn sie nicht bald nach Paris fährt. Keine Ahnung, wer ihr diesen Floh ins Ohr gesetzt hat, aber sie denkt an nichts anderes mehr.« Mit einem Blick auf Roberto fügte Bettina hinzu: »Ich bleibe lieber hier.«

»Als ich Linda kennenlernte, hat sie mich anfangs an dich erinnert. Ihr habt denselben Blick.« Ich sah Roberto an. Mir wurde mulmig.

Bald danach ging ich zum Büfett und füllte meinen Teller mit köstlichem Zimtparfait. Diese Zwillinge waren mir unheimlich. Linda forderte nur, und Bettina gab sich für meinen Geschmack ein wenig zu kokett und selbstsicher; ich kannte diese Art. Wenn ich betrunken war, ging ich selbst so mit Männern um. Daran wollte ich heute abend nicht erinnert werden. Wann immer ich Linda oder Bettina im Laufe des Abends noch einmal begegnete, hielt die eine einen Teller, die andere ein Glas in der Hand.

Als ich Roberto Monate später beim Heurigen traf, bestätigte er meine Vermutungen. Bettina hatte ihn verlassen und sich in einer Klinik für Alkoholabhängige einweisen lassen, um einen Entzug zu machen. Und Linda war Bulimikerin. Während unserer Begegnung bei Claras Hochzeit hatte ich mich in ihr wiedererkannt; diese Ruhelosigkeit, der umherschweifende Blick, die Nervosität, das Gefühl, etwas zu verpassen, und nicht zuletzt die aufgeschwemmten Wangen waren mir allzu vertraut gewesen.

Was blieb, war die Angst, daß Roberto, dem ja aufgefallen war, daß auch ich diese gewisse Nervosität im Blick hatte, eine Verbindung zwischen Linda und mir herstellte; daß er mich durchschaute.

Bulimikerinnen denken strategisch. Sie bauen Fassaden und weben Netze von Heimlichkeiten. Spinnennetze. Am Ende sitzen sie allein darin. Einsamkeit kriecht in alle Ritzen des Alltags.

Lügen. Lächeln. Heimlichkeiten. Alles verstecken, nichts verraten. Ein Rad kommt ins Rollen, und es gibt keine Bremse. Gefühle ertränken in dicker Sahne, Löcher stopfen mit süßer Creme. Gummibärchen sind gesellig, sie erzählen bunte Geschichten, sie schmecken süß.

Ich bin schlau. Ich bin gewieft. Keiner sieht mich, keiner erkennt mich, keiner kennt meine Tricks.

Kekse sind Freunde. Menschen sind gefährlich. Dann sind die Menschen weg. Es bleiben die Kekse.

Ich bin heimlich, ich bin glücklich, ich bin allein. Ich bin unheimlich einsam.

Alle Eßstörungen schaffen Distanz.

Ich unterteilte die Zeit in »gute Tage«, an denen mich der Heißhunger nicht überfiel, und »schlechte Tage«, an denen ich der Gier erlag. Die schlechten wurden seltener. Nachdem ich auf Claras Hochzeit gegessen und erbrochen hatte wie lange nicht mehr, hungerte ich wochenlang ohne Gnade. Bis Gerd meinen Anblick nicht mehr ertrug.

»Wir gehen essen, ich lade dich ein. Du mußt wieder Fleisch auf die Knochen bekommen. Basta.« Er duldete keinen Widerspruch. Also fügte ich mich. Fortan trafen wir uns täglich vor der Arbeit und gingen gemeinsam essen.

»Ich bezahle, und du ißt auf«, sagte Gerd, als er zur Karte griff. Artig bestellte ich Pasta und stattliche Portionen von allem, was Gerd sonst noch für gesund und gut für mich hielt.

Unsere Restaurantbesuche verliefen stets nach dem gleichen Schema: Sobald der Kellner mit der Bestellung verschwand, entschuldigte ich mich kurz und peilte die Lage. Anschließend konnte ich beruhigt essen. Wenn das Geschirr abgeräumt war, ging ich zur Toilette. Auf dem Weg bestellte ich noch einen Espresso. Ich würde höchstens fünf Minuten brauchen; ich war routiniert und gut ausgerüstet. In meiner Handtasche steckten Zahnbürste und Zahnpasta gegen den Mundgeruch, Tigerbalm, das ich unter meine Augen tupfte, um Schwellungen zu verhindern, wenn ich mit zu viel Druck gewürgt hatte, und Vitamintabletten, um den Organismus einigermaßen fit zu halten.

Lächelnd und leise triumphierend kam ich zurück an den Tisch, nahm einen Schluck Espresso, der bereits auf dem Tisch stand, und plauderte, als hätte ich tatsächlich nur pinkeln müssen oder mein Make-up korrigiert. Wenn Gerd sich wunderte, weil es doch einmal länger gedauert hatte, erzählte ich etwas von der Lippenstifthülle, die auf den Boden gefallen und in ein Abflußgitter gerollt war oder von den langen Warteschlangen, die es überhaupt nur auf Damentoiletten gab.

Er schöpfte nie Verdacht. Gerds Phantasie reichte nicht aus, um sich vorzustellen, daß ich alles, was er mir so fürsorglich auftischen ließ, sofort in die Kanalisation spuckte. Er sah mir beim Essen zu und glaubte, er habe mich auf den Weg der Besserung gebracht. Ich ließ ihm die Freude; ich wollte unsere Freundschaft nicht gefährden.

Als diese Zeit der regelmäßigen Restaurantbesuche andauerte, verlor ich nach und nach die Selbstkontrolle, die ich mir mühsam antrainiert hatte. Die Zeit, in der ich es geschafft hatte, diszipliniert zu hungern, in der ich not-falls zuckerfreien Kaugummi oder Kaffeebohnen gekaut hatte, um durchzuhalten, war zu Ende. Erneut geriet ich in den Strudel von Essen und Erbrechen.

Ich war mir über mein abnormes Verhalten im klaren, doch war ich außerstande, den Parcour zwischen Kühl-schrank und Klo zu verlassen. Irgendwann war alles wie früher. Ich hatte versucht, in Wien ein neues, symptom-freies Leben zu beginnen, und wenigstens eine Weile sau-ber zu bleiben; nun verfiel ich in den neuen, alten Rhyth-mus des Reinstopfens und Rauswürgens.

Eines Nachmittags kam ich auf dem Weg zu meiner Ver-abredung mit Gerd an einem Reisebüro vorbei. Plakate in grellen Farben priesen Flüge zu Dumpingpreisen rund um den Globus an. In der Mitte des Schaufensters stand eine Nachbildung der Freiheitsstatue, die mich magisch anzog. Aus einem Impuls heraus öffnete ich die Laden-tür, ging hinein und kaufte ein Ticket nach New York.

Als ich vierzehn Tage später am John-F.-Kennedy-Flughafen in die Maschine zurück nach Wien stieg, wußte ich, daß meine Zeit dort zu Ende ging. Viel lieber wollte ich in New York leben. Die Stadt war ein etwas über-spanntes, aber pulsierendes Mode- und Machtspektakel. New York – das war wahre Fun-Kultur und Wien nur ein müder Abklatsch. In mir brannte ein wilder Hunger auf dieses extreme, atemberaubende Leben.

Kurz darauf stand ich wieder auf dem John-F.-Kennedy-Flughafen, in jeder Hand einen Koffer, in der Handta-sche einen Zettel mit einer Telefonnummer.

»Hello?« meldete sich eine verkaterte Stimme.

»Hi, it's me . . .« Es dauerte eine Weile, bis die Stim-me sagte: »Nimm ein Taxi und komm her.«

Als das gelbe Taxi aus dem Tunnel auftauchte und in die Häuserschluchten von Manhattan glitt, war ich völlig high von der Gigantomanie dieser Stadt. Hier wohnte das Abenteuer.

Tobias' Stimme hatte einen gewissen Grad von Frische wiedergewonnen, als er die Tür öffnete.

»Servus«, begrüßte er mich auf gut wienerisch. Seine Haare waren noch naß vom Duschen, Tropfen liefen über sein Gesicht. Ich hatte Tobias während meines ersten Aufenthaltes in einer Diskothek kennengelernt. Er stammte aus Graz und war vor zehn Jahren aus Österreich ausgewandert. Inzwischen betrieb er eine florierende Werbeagentur in Manhattan und hatte unlängst sogar eine Dependance in Los Angeles eröffnet. Als ich mich bei unserer ersten Begegnung in Schwärmereien über das grandiose New Yorker Leben erging, hatte Tobias lachend angeboten, er könne mir ja einen Job besorgen, wenn ich unbedingt herziehen wolle. Ich nahm ihn beim Wort und rief von Wien aus an, bis er schließlich sagte, es gäbe da ein Restaurant, in dem ich anfangen könnte.

Die Gastronomie ist ein ideales Terrain, wenn man neu in eine Stadt kommt, nach Leben giert und Leute kennenlernen will. Da ich bereits Erfahrung aus Gerds Restaurant in Wien mitbrachte, fügte ich mich schnell ein. Meine Aufgabe war es, die Gäste an ihre Tische zu begleiten und für einen reibungslosen Service zu sorgen.

Tobias weihte mich in die wichtigsten Grundregeln des hiesigen Lebens ein. »Puppe, eines solltest du wissen: Wenn dich einer um ein date bittet, dann sag ruhig zu. Hingehen mußt du nicht, nur zeigen, daß du für jeden Spaß zu haben bist.«

»Das schaffe ich leicht . . .«

»New York will deine gute Laune. Es gibt nur eines,

was die Leute dir hier wirklich übel nehmen: wenn du schlecht drauf bist. Sonst ist alles erlaubt.«

»Tobias, bislang bist du der einzige, den ich in dieser Stadt kenne!«

»Das wird sich bald ändern. Darum noch eines: So lange er im Restaurant bezahlt, ist's gut. Da kannst du sicher sein, daß er nur eines von dir will.« Tobias sollte mir noch manch weiteren nützlichen Ratschlag geben, unverblümt, rauh und immer auf den Punkt gebracht. Nach zehn Jahren in New York wußte er, wovon er sprach.

Im Restaurant lernte ich viele Menschen kennen. In einer Gesellschaft, in der sich die Menschen einerseits nach Intimität sehnen, andererseits aber niemanden an sich heranließen und lieber Small talk hielten oder Klatsch austauschten, konnte ich mich überraschend schnell orientieren.

Ich genoß die Bewunderung, die Bestätigung, die ich hier fand. Mit nichts kann man eine Bulimikerin glücklicher machen als mit Komplimenten über ihr Aussehen und ihre Figur. Ich berauschte mich daran, daß fremde Männer meinen Körper begehrten und dem Spiel, das ich inszenierte, plump und ahnungslos erlagen. Ich freute mich, daß es mir gelang, niemanden wirklich nahe an mich heranzulassen. Ich schwelgte in jener Sicherheit, die mich immer erfüllte, wenn ich sah, daß ich in der Lage war, mein Leben und alles, was ich erlebte, zu kontrollieren. *Ich* hatte *alles* im Griff.

Alle bekannten Model-Agenturen der Welt unterhalten in New York Dependancen. Neben den Metropolen Paris, Mailand oder London ist auch »Big Apple« ein Dreh- und Angelpunkt im internationalen Modebusiness.

In einer Galerie lernte ich Donna kennen. Sie arbeitete als Model und war mit Marcello, dem Besitzer der Galerie, liiert. Marcello besaß eine Werbeagentur in Mailand, doch seine Passion war die Photographie, weshalb er die meiste Zeit in New York lebte und nach hoffnungsvollen und talentierten jungen Photographen suchte. Donna machte kein Hehl daraus, daß sie sich für Marcello interessierte, weil er sie im internationalen Modezirkus mit den richtigen Leuten zusammenbringen konnte.

Eines Abends – ich hatte frei – nahmen Donna und Marcello mich zu einer Modenschau an der Fifth Avenue mit. Marcello gefiel sich in der Rolle des allmächtigen Lebemannes, der ein unbedarftes Mädchen aus der Steiermark in seine schillernden Kreise einführt. In seiner Umgebung sammelten sich außer Photographen und Models auch Presseleute, junge Anwälte, Maler und wer sonst noch mit einem angesagten Galeristen gesehen werden oder von ihm profitieren wollte. Für Marcello waren sie alle bloß Zuschauer, das Publikum für seine eitlen Auftritte.

Die Defilees waren an diesem Abend Nebensache; die eigentliche Veranstaltung fand zwischen den Läufen statt. Alle Anwesenden wirkten unglaublich gut gelaunt und inszenierten sich selbst mit einer Kreativität, die mich beeindruckte. Beiläufig, aber aufmerksam beobachtete ich ihre Gesten und analysierte ihre Auftritte und deren Wirkung. Es schien in diesem Wettbewerb nur darum zu gehen, die eigene Coolness und Abgeklärtheit unter Beweis zu stellen und eine kalkulierte Exzentrik und Einzigartigkeit vorzuführen.

Da ich mich damit erst wenig auskannte, mußte ich noch viel lernen. Ich lächelte viel und fühlte mich recht unwohl. Verunsichert hielt ich mich an Donna; sie war in dieser Welt zu Hause. Daß ich relativ still blieb, störte sie nicht. Im Gegenteil.

116

Eine Frau stach besonders aus dem Getümmel heraus. Als ich Donna auf sie aufmerksam machte, sagte sie knapp: »Das ist Heather.«

Heather wirkte verrucht; eine Spannung ging von ihr aus, eine diffuse Androhung von Gefahr und Unheil. Sie war eine hochgewachsene Schönheit, die – wie ich später erfuhr – bereits mit namhaften Photographen gearbeitet hatte. Ihr Körper war durchtrainiert und muskulös, und ihre Beine steckten in schwindelerregend hohen Stilettos, so daß ich unwillkürlich an die erotischen Schwarz-Weiß-Inszenierungen von Helmut Newton denken mußte. Als ich zu ihr hinübersah, stand plötzlich Marcello neben mir; er hatte meinen Blick bemerkt.

»Heather ist so schön, die steht über allem. Sie ist unglaublich stark vor der Kamera.« Mit einem kalten Lächeln drückte er Donna und mir frische Cocktails in die Hand.

Heather hatte bemerkt, daß wir über sie sprachen, und stolzierte kühl und hochmütig durchs Publikum. Erstaunlicherweise war sie völlig unpassend angezogen, sie trug ein rotes Strickkostüm mit einem sehr kurzen Rock, während sich alle ringsherum in große Abendgarderobe geworfen hatten. Obwohl ich mit den Riten dieser Gesellschaft noch nicht vertraut war, konnte ich mir ausmalen, wie peinlich dieses falsche Outfit für Heather sein mußte. Ich registrierte, daß sie versuchte, mit raffinierten Bewegungen ihres Körpers, auf dessen Wirkung sie sich verlassen konnte, die falsche Kleidung zu überspielen.

»Alle Männer starren auf deine perfekten Beine«, raunte ich ihr zu, als wir etwas später am Büfett nebeneinander standen.

»Wirklich?« hauchte sie. »Dabei fühle ich mich so aufgedunsen.« Sie erzählte, daß sie sehr kurzfristig zu dieser Show eingeladen worden war und keine Zeit gehabt hatte, sich umzuziehen. Sie tat mir leid; deshalb hatte ich auch absichtlich ihren stärksten Trumpf angesprochen.

»Sexy! Du siehst total sexy aus.« Marcello fuhr mit einer Hand über Heathers Hüfte. Als hätte er uns nicht aus den Augen gelassen, tauchte er erneut aus dem Hintergrund auf; wieder hatte ich ihn nicht bemerkt.

Heather griff nach ihrer Handtasche, holte ein antikes Etui hervor, zog eine Zigarre heraus und ließ sich von Marcello Feuer geben. Irgendwie erinnerte sie mich an Sharon Stone.

»Richtig sexy«, wiederholte Marcello. Heather blies ihm den Rauch ihrer Zigarre ins Gesicht. Marcello sah Heather unverwandt an. Er bewegte seine Lippen und sagte mit tonloser Stimme: »Ich kriege dich.«

Regungslos wie eine Statue stand Heather vor Marcello und starrte ihn an; kalt pokerten beide um die Vorherrschaft. Dann wandte sie sich um und zog mich mit zur Bar.

Wir setzten uns auf zwei Barhocker. Hier konnte sie ihre unpassende Garderobe bestens überspielen; zwischen Himmel und Erde existierten nur noch ihre Beine. Heather orderte Champagner. Genüßlich blies sie Rauch in die Luft, folgte den Ringen mit versonnenem Blick und zeichnete sie mit ihren Fingern in der Luft nach. Auf meinen Schenkeln setzte sie die Linien der langsam verschwindenden Rauchringe in sanften Kreisen fort.

»Wenn du Lust hast, kannst du morgen früh zu mir kommen. Mein Trainer kommt um neun Uhr, er kann dir Tips geben, wie du sie straffer bekommst.«

Ich wußte nicht, wie ich mich verhalten sollte. Ausgerechnet die Frau mit dem perfektesten Körper betastete meine schlaffen, fetten Oberschenkel. Doch es war auch dieser verwirrende, verführerische Ton in Heathers Stimme, der mir unbehaglich war. So nah war mir noch keine Frau gekommen. Für wen wurde dieses Stück aufgeführt, für mich oder für Marcello, der uns sicher von irgendwoher beobachtete? Heather erschien mir wie ein erotisches Chamäleon. Sie kümmerte sich um keine Konvention, war eine Heimatlose, deren Hunger alles verschlang. Ich stieß mein Champagnerglas um.

Heather griff nach dem abgebrochenen Kelch und ließ ihn lasziv durch ihre halbgeöffnete Hand gleiten. Wieder tauchte Marcello aus dem Nichts neben uns auf. Heather sah ihn provozierend an, drückte dann mit rascher Geste das Glas gegen seinen Unterleib und stöhnte. Marcello starrte in Heathers Gesicht. Dann ließ Heather das Glas fallen und malte mit ihren Fingernägeln weiter Kreise auf meinen Schenkeln. Jetzt waren mir ihre Berührungen noch unangenehmer als beim ersten Mal.

Später erzählte ich Donna von dem Vorfall an der Bar.

»Heather spielt mit der Bisexualität. Das wird immer gängiger im Business. Alle bauen sie immer mehr auf solche Effekte – das Spiel mit dem Androgynen fasziniert eben.«

»Wen?«

»Zum Beispiel Frauen, die sich von dem herkömmlichen Frauenbild verarscht fühlen. Das Spiel mit den fließenden Grenzen zwischen den Geschlechtern ist ein *eyecatcher*, es soll Kunden fangen. Schau dir doch die Zeitschriften an und die Werbespots: ›Neue Karrierefrauen‹ trimmen sich im Fitneßstudio, nachdem sie sich zuvor im Büro selbst verwirklicht haben, während ihre ›neuen Männer‹ sich zu Hause mit aufwendigen Kosmetikserien pflegen. Die Masche mit dem Androgynen suggeriert uns absolute Freiheit: Schluß mit der Emanzipation am Herd, steh deinen Mann, Frau! Alles ist möglich, du mußt es dir nur holen. Wir leben in einer zunehmend narzißtisch geprägten Welt, Schätzchen.« Donna sah zu Marcello hinüber, der mit Heather am Büfett stand. »Und Männer geilt das Spiel auf.«

Ich kam mir ein bißchen vor wie in einer systemkritischen Vorlesung, dennoch gingen mir Donnas Worte nicht mehr aus dem Sinn.

Die Welt der Models, der Mode und der Schönheit faszinierte mich, seit ich mit zwölf Jahren in den bunten Mikrokosmos der Frauenzeitschriften eingetaucht war und die Leichtigkeit, die diese Blätter verbreiteten, zum Gegenpol der Enge und Düsternis meines Elternhauses in Graz erkoren hatte.

All die Jahre hindurch hatte ich mich an Frauen orientiert, die nun über Nacht meine Nachbarinnen geworden waren, denen ich in Clubs oder bei Parties teilweise leibhaftig begegnete. An ihren Körpern hatte ich meinen gemessen. Ich hatte Diät gehalten und mit zahllosen Hungerkuren, durch Erbrechen, Abführtees und Gymnastik versucht, mir ihre Maße und ihre Ausstrahlung anzueignen. Die Schönheit, ihre gute Laune und Vitalität, ihre Lust, mit der sie sich darstellten, waren die Leitbilder gewesen, die ich kopieren wollte, an denen ich aber immer wieder scheiterte und denen ich dennoch ununterbrochen nachstrebte. Einblicke, wie Begegnungen mit Donna oder Heather sie mir verschafften, führten mir eine Ambivalenz vor Augen, die ich bislang nicht wahrgenommen hatte, die ich aber auch in meinem eigenen Leben bemerkte.

Ich konnte keine »Vogue« durchblättern, ohne sofort an eine neue Diät zu denken. Ich sah Frauen schön und gutgelaunt im richtigen Kleid mit der richtigen Figur durchs Bild tänzeln, den schönsten Mann weit und breit lässig um den Finger wickelnd, und verglich mich unweigerlich mit ihnen. Ich orientierte mich an den Vorgaben der Zeitschriften und der Werbung, weniger aus Begeisterung oder Leidenschaft als aus Disziplin. Sie standen für ein Ziel, das ich auch anstrebte: das Leben einer modernen jungen Frau. Doch dieses Ziel würde ich nur erreichen, wenn ich an mir arbeitete.

Dann traf ich in New York auf Heather, die verunsichert war, weil sie im falschen Kleid zu einer Party gekommen war. Ich sah Donna, die vor allem von Zigaretten, Kaffee und der Hoffnung auf eine große Karriere lebte. Ich begann zu ahnen, daß ich nicht die einzige war, die sich gnadenlos quälte, nur um den allgemeinen Idealen zu entsprechen. Möglicherweise steckten in vielen dieser schönen Körper mehr oder weniger verunsicherte Frauen. Ich wurde mißtrauisch und neugierig. Ich wollte mit eigenen Augen sehen, wie diese beneideten Glitterwesen lebten, wenn die Scheinwerfer ausgingen. Wenn die Photographen ihre Sachen gepackt hatten. Wenn sie alleine waren – ohne den Stab von Bewunderern, von Frauen, die sein wollten wie sie, oder von Männern, die sie begehrten. Wenn sie niemandem mehr trafen als sich selbst.

Natürlich lief ich dabei Gefahr, einfach meine eigene Unsicherheit uneingeschränkt auf alle Frauen im Modegeschäft zu projizieren. Ich wollte ihnen nicht pauschal unterstellen, daß sie bulimische, magersüchtige oder sonstwie neurotische Geschöpfe waren, die alles taten, um sich und ihre Körper im grellen Scheinwerferlicht präsentieren zu können. So einfach war es nicht.

Ich wollte die Antriebskraft hinter den Karrieren und bewunderten Körpern verstehen. Was ich dabei entdeckte, waren erstaunliche Ähnlichkeiten zwischen ihnen und mir. Manche Models waren tatsächlich bulimisch oder magersüchtig. Anderen unterstellte ich ein Problem, das sie nicht hatten; nicht sie selbst, sondern *ich* hatte ein Problem mit ihren perfekten Körpern.

Die Vorbilder, die ich so lange bewundert hatte, schrumpften zu Menschen aus Fleisch und Blut. Gefeiert, begehrt, verachtet und fallengelassen in einem Metier, das keine Rücksichten kennt. Viele der Mannequins arbeiteten hart, zahlten einen hohen Preis für ihre Karriere und blieben am Ende allein zurück mit den Scherben ihrer Träume.

Doch auch wenn wir das wissen, behält die Welt des Glamours ihre Kraft, uns zu verführen.

Essen ist der größte Tröster, ein Labsal in Zeiten der Krise, des Unglücks, der überwältigenden Unfähigkeit, das Leben zu meistern. Essen schließt jede Lücke.

Obstsalat. Nudeln. Brioche. Marzipan. Gefüllte Paprikaschoten. Pflaumenmus und Honigbrot. Gnadenlose Mengen, gewaltige Berge. Stoff für ein unmoralisches Glück, eine verbotene Lust. Doch auf Verbote folgen Strafen. Auf Glück folgt Qual.

Die Explosion. Die Eruption. Erbrechen bis zum letzten Tropfen. Alles muß raus, weg, nur weg. Reinigung. Reue. Schmerz. Scham. Schuld.

Und wieder Leere. Und wieder beginnt der Kreislauf.

Als ich in den Spiegel sah, starrte mich ein ausdrucksloses, aufgeschwemmtes Gesicht an. Unter den Augen dunkelgraue Ringe, die Wangen rot und gedunsen, überzogen von einem feinen Netz beim Würgen geplatzter Äderchen.

Ich ging in die Küche, erleichtert, daß Tobias übers Wochenende mit seiner neuen Flamme aufs Land gefahren war. Ich fischte Eiswürfel aus dem Tiefkühlfach, wickelte sie in ein Tuch und preßte den Beutel auf mein Gesicht, bis ich die Kälte auf der Haut nicht mehr ertrug.

Später ging ich in die Küche, das Schlachtfeld meines letzten Anfalls. Aus dem Mülleimer ragte spitz die Ecke eines Pappkartons. Pizza, »Frutti di mare«. Der Abschluß meines nächtlichen Freßanfalls. Auf dem Tisch klebten Reste von Milchreis, die Tube mit Olivenpaste war auf den Boden gefallen und hatte Spuren hinterlassen, die jetzt zu einer festen, grüngrauen Kruste erstarrt waren. Mit einem Arm schob ich ein leergekratztes Glas Honig und zwei Eierkartons zur Seite. In der Spüle lag ein Rest Pizza, den ich achtlos beiseite geworfen hatte, als der Brechreiz begonnen hatte. Mit zitternden Fingern schob ich den Stecker der Kaffeemaschine in die Steckdose. Mein Magen brannte vom vielen Erbrechen.

Als ich am Vorabend nach Hause gekommen war, hatte ich aus Frust über einen faden Tag erst den Kühlschrank geleert und später beim Pizzaservice je eine Pizza »Frutti di mare« und eine »Quattro stagioni« geordert; es hatte eine Ewigkeit gedauert, bis der Lieferant an der Tür klingelte.

Anschließend hatte ich unter höllischen Schmerzen die sperrigen, unverdauten Pizzastücke ausgekotzt. Sie blieben in der Speiseröhre stecken, bis ich blau anlief. Ich bekam keine Luft mehr. Es tat weh. Panisch hämmerte ich mir mit den Fäusten auf die Brust. Ich hatte Angst zu ersticken, mit dem Kopf über der Kloschüssel. Trotzdem hatte ich eine halbe Stunde später noch zwei Teller Spaghetti gegessen. Die langen Fäden auszukotzen war ebenso qualvoll gewesen; am Ende war ich völlig erschöpft gewesen und hatte Blut erbrochen.

Wieder einmal hatte ich gefressen wie besessen. Ich wollte dünn sein, ich wollte glücklich sein, ich wollte mein Leben selbst gestalten, kreativ, begehrt und beliebt sein. Doch der Hunger wollte mich zerstören. Er war immer stärker als ich.

Der Kaffee tropfte durch den Filter, während die Maschine röchelte wie ein alter Mann nach einer Kehlkopfoperation. Draußen schien die Sonne. Die ersten Knospen der Magnolienbäume hatten sich geöffnet und tauchten die Vorgärten in zartes Rosa. Ich ging zum Kühlschrank und griff nach der Milch.

Nur noch Joghurt essen! Mit diesem Vorsatz war ich spät in der Nacht schließlich ins Bett getaumelt. Joghurt, und den ersten nicht vor zwei Uhr mittags. Ich goß mir dampfenden Kaffee in eine Tasse. Mein Kopf war noch leer. Müde versuchte ich, mich auf das Wenige zu konzentrieren, was jetzt wirklich wichtig war. Wie ein Kettenraucher, der sich trotz durchzechter Nacht nach einer Zigarette sehnt, dachte ich an frische Brötchen. Ich schob den Gedanken beiseite und nahm einen Schluck Kaffee. Doch das Verlangen blieb. Im Eisfach lag eine Packung Tiefkühlcroissants. – Nein, nein, nur Joghurt! – *Ach komm . . .* Die Bestie lockte. *Nimm sie dir!* – Nein, nur Joghurt. – *Du mußt ja nicht alle aufessen.* – Okay, ein oder zwei könnte ich mir schon nehmen.

Ich schob die Croissants in den Ofen. Später setzte ich meine Sonnenbrille auf, ging hinunter in das Café an der Ecke und bestellte Eier mit Speck, Blaubeermuffins und Schokoladenkuchen. Zum Frühstück kannst du noch einmal kotzen, dachte ich, während die Kellnerin Kaffee in den Becher vor mir goß; heute abend hast du es wieder im Griff.

Die Angst vor dem falschen Schritt

Paula war jener Typ Frau, den Bulimikerinnen wie ich stets zehn Pfund zu dick fanden. Mit ausgestreckter Hand und freundlichem Lächeln kam sie mir entgegen, im geblümten Kleid, ein bißchen bieder, wie die Mutti einer glücklichen Fernsehreklamefamilie. Ich trug eines meiner schwarzen Etuikleider und sportlich-elegante schwarze Halbschuhe, in der Linken hielt ich noch meine schmale schwarze Handtasche – krasser hätte der Kontrast zwischen uns kaum ausfallen können.

Sie bat mich, Platz zu nehmen. Ich sah mich um. Der Raum war mit asiatischen Stilmöbeln eingerichtet, an den Wänden hingen japanische Kalligraphien und ein Unterwasserphoto; ein Taucher, umgeben von einem Schwarm neongelber Fische. »Das bin ich«, lachte Paula, als sie meinen Blick bemerkte. »Einmal im Jahr gehe ich tauchen. Ich liebe die Stille des Ozeans.« Dann setzte sie sich mir gegenüber in einen Ledersessel und sah mich an.

Am Telefon hatte ich ihr kurz von meiner Bulimie erzählt, daß ich bereits einmal eine Therapie begonnen hatte, damals in Salzburg, daß ich mich anschließend geheilt glaubte, mir heute aber eingestehen mußte, daß ich meine Eßgewohnheiten weniger kontrollieren konnte denn je. In den vergangenen Monaten hatte ich bis zu achtmal täglich anfallartig gefressen und erbrochen. Mein Körper war ausgelaugt wie eine Dörrpflaume, die Speiseröhre chronisch wund, meine Zähne ruiniert von der

Magensäure; ich hatte Kopfschmerzen und litt unter Schwächeanfällen. Paulas Adresse hatte ich ironischerweise auf einer Restauranttoilette bekommen, von einer Frau, die mich hatte kotzen hören; sie war selbst Bulimikerin gewesen, bevor sie sich einer Therapie unterzogen hatte.

Nun herrschte diese unbehagliche Stille. Paula erwartete offenbar, daß ich etwas sagte, und ich hatte mir vorgenommen, auf keinen Fall einen ausgedehnten Seelenstriptease hinzulegen. Was ich suchte, war eine Art Tauschgeschäft: Ich würde dieser Therapeutin von meinen aktuellen Freßanfällen erzählen, und sie brächte mich wieder auf den Damm. Das war schließlich ihr Beruf. Auf Gespräche über schmerzhafte Kindheitserinnerungen oder durchsichtige Rollenspielchen wie damals bei Doktor Braumann würde ich mich nicht noch einmal einlassen.

Ich begann zu erzählen. Paula hörte zu.

»Nun«, sagte sie nach einer Weile. »Du hast dir ja bereits eine Menge Gedanken über deine familiäre Situation und deine Krankheit gemacht. Aber du bist nicht krank – du bist süchtig. Und ich kann dir nur helfen, wenn du sofort auf Entzug gehst.«

Schlagartig sah ich Bilder von in Zwangsjacken gefesselten Patienten vor mir wie in dem Film »Einer flog übers Kuckucksnest«. Dunkle Räume mit schalldichten Wänden. Gummizellen.

»Entzug? Du meinst, ich soll mich in eine Anstalt einliefern lassen?« Eingesperrt, versorgt nur mit den üblichen drei Mahlzeiten pro Tag – ich würde spätestens am zweiten Tag brüllend mit den Fäusten an die Wände trommeln. Essen! Hilfe!

»Du bist süchtig«, wiederholte Paula. »Du bist abhängig vom Essen.«

Ihre ruhigen, drastischen Worte krochen mir kalt unter die Haut. Süchtig. Nein, ich war bulimisch. Eßgestört.

»Du ißt zwanghaft. Aber nicht dein Körper hungert, sondern deine Seele. Essen ist eine Droge für dich. Du stopfst dich voll, um deine Lebensängste zu bewältigen. Essen ist gewissermaßen der Schutzwall, den du zwischen deine ängstliche, hungrige Seele und die böse Außenwelt baust. Und du wirst die Sklavin deiner Sucht bleiben, solange du dich einem Leben ohne ›Stoff‹ nicht gewachsen fühlst. Im Gegensatz zu einem Alkoholiker, einem Kettenraucher oder einem Junkie kannst du ihn allerdings nicht einfach aus deinem Leben verbannen – deshalb mußt du lernen, mit dem Essen umzugehen.«

Diese Frau machte mir angst.

»Wenn du bereit bist, in den nächsten vier Wochen sechs bis acht Pfund zuzunehmen, dann, denke ich, können wir mit einer Therapie beginnen.«

Ich stand vor dem Kleiderschrank und durchstöberte meine Garderobe. Die schmalen Röcke; das kurze Strickkleid, das wie eine zweite Haut am Körper lag; das khakifarbene Leinenkostüm, das ich mir auf den Leib hatte schneidern lassen, um meine Figur noch gezielter zur Geltung zu bringen. Energisch schob ich die Bügel beiseite.

Paula hatte mir eine Woche Zeit eingeräumt; dann wollte sie wissen, ob ich ihre Bedingung akzeptierte. Sie hatte mir zu verstehen gegeben, daß sie nicht mit sich spielen ließ. Nach dem ersten Schock versuchte ich, vernünftig über meine Lage nachzudenken. Ich begriff nicht, wie eine angebliche Spezialistin etwas derart Absurdes von mir verlangen konnte. Eine Bulimikerin aufzufordern, mehrere Kilo zuzunehmen, glich einem Himmelfahrtskommando. Seit Jahren kreisten meine Gedanken darum abzunehmen. Schlanksein war mein ganzer Lebensinhalt. Die Angst vor dem Dicksein hatte sich längst tief in meine Seele gegraben, sie war eine tragende Säule meines Weltbildes. Essen und dick sein, das war ein und dasselbe für mich.

Ich fühlte mich betrogen. Ich wollte, daß mir jemand half, meine Eßgewohnheiten unter Kontrolle zu bekommen; was ich fand, war ein Gegenüber, das mir meine Perversion brutal vor Augen hielt und – schlimmer noch – forderte, daß ich mich auslieferte. Was wußte diese Frau denn schon über Bulimie? Hatte sie überhaupt eine Ahnung davon, wie wichtig es mir war, schlank zu sein, schön zu sein, akzeptiert, bewundert und begehrt zu werden? Ein schlanker Körper war das Ticket für die Fahrt ins Glück, die Eintrittskarte in eine glanzvolle Welt. Fette Frauen fristeten ihr Leben am Herd, inmitten einer Schar gieriger Gören. Oder sie standen im Supermarkt an der Wursttheke und verkauften Mortadella; auch in Metzgereien machte sich ein kräftiger Körper gut. Oder auf dem Bauernhof. Doch da lag mein Lebensziel nicht.

Mit einem Handstreich brachte diese Therapeutin in nur einer Stunde mein Lebensgerüst ins Wanken. Orgien mit Eiscreme, Kuchen, Pfannkuchen oder Honigsemmeln, ohne anschließend . . . – unmöglich. Ich würde es nicht schaffen, zu essen ohne zu erbrechen. Zu einer sogenannten normalen Kalorienzufuhr war ich überhaupt nicht mehr in der Lage. Und dann auch noch sechs bis acht Pfund! Der reine Wahnsinn.

Paula hatte mir erklärt, warum sie so rigide Forderungen stellte, bevor sie mit meiner Therapie beginnen wolle: »Nach so vielen Jahren des Hungerns ist dein Körper wie ein ausgetrockneter Schwamm. Er konzentriert sich darauf zu überleben. Deine Körperfunktionen sind beeinträchtigt, dein Stoffwechsel ist gestört, der Kreislauf kämpft, die Konzentration läßt nach – aber das brauche ich dir wohl nicht zu sagen, das dürftest du schon selbst bemerkt haben. Unser Ziel muß es darum sein, zuallererst deinen Körper von diesem Sparkurs zu erlösen und ihm zu geben, was er braucht.«

Alles in mir hatte sich gegen die Vorstellung, geregelt zu essen, heftig gewehrt. »Das schaffe ich nicht. Ich habe es schon so oft probiert. Ich will nicht dick werden, und diese Gier ist stärker als ich, stärker als alles, was ich kenne, ich entkomme ihr nicht. Wenn ich einmal anfange zu essen, endet es unweigerlich damit, daß ich alles in mich hineinstopfe, was ich finde. Hinterher muß ich mich einfach übergeben. Das ist ein Reflex, der funktioniert inzwischen völlig eigenständig.« Einen Augenblick hatte ich gestockt. »Das Seltsame ist, daß ich noch nicht einmal ein schlechtes Gewissen dabei habe.«

»Aber du hast gesagt, es sei dir unangenehm, die Menschen in deiner Nähe ewig zu belügen.«

»Das stimmt«, mußte ich einräumen. »Wenn ein Freund mich einlädt und ich anschließend alles wieder in die Toilette spucke, dann verabscheue ich mich dafür, daß ich so niederträchtig und verlogen bin. Aber das Essen selbst – ich habe das Gefühl, mir nur das zu nehmen, was mir zusteht.« Ich hatte daran denken müssen, wie ich Geld aus dem Portemonnaie meiner Mutter gestohlen hatte, um mir auf dem Weg zur Schule Kekse und Brot und Marmelade kaufen zu können, wenn mein Taschengeld alle war. »Ich weiß, daß es kriminell ist, wenn ich Geld stehle, um mir etwas zu essen zu kaufen. Andererseits finde ich, ich habe ein Recht darauf, etwas abzubekommen. Ich hole mir eben, was man mir nicht von alleine gibt.«

»Was ist es, was dir fehlt?« wollte Paula wissen.

»Aufmerksamkeit.« Die Antwort war ohne Überlegung aus mir herausgesprudelt. »Zuwendung.«

Dann hatte ich ihr von der Atmosphäre im Haus meiner Eltern erzählt. Von den Predigten meines Vaters, in denen er immer wieder betonte, wie gut es uns doch ginge. Von den enormen Erwartungen, die meine Eltern an uns Kinder stellten. Den Erziehungsexperimenten, den Konflikten, den moralischen Vorgaben einer über allem schwebenden Bibel. Ich hatte von der Unmöglichkeit berichtet, Kind zu sein, und meiner Sehnsucht nach Leichtigkeit und Unbeschwertheit.

»Trotzdem hänge ich an meinen Eltern.« Ich hatte gemerkt, wie ich ein schlechtes Gewissen bekam; meine Eltern hatten sicherlich ihr Bestes getan und immer nur mein Bestes gewollt.

»Ja«, hatte Paula gesagt, mich angesehen und geschwiegen. Ich war aufgestanden und zum Fenster gegangen. Unten schoben sich wie jeden Tag in der Rushhour Stoßstange an Stoßstange die Autos vorwärts.

»Ich frage mich, warum ich Bulimikerin geworden bin. Warum lebe ich mit dieser hungrigen Bestie, die mich dazu bringt, zu fressen, zu kotzen, zu lügen, zu stehlen?« Ich hatte mich umgedreht. Paula hatte so zufrieden ausgesehen, wie sie in ihrem geblümten Kleid in dem Sessel saß und zu mir herübersah. Bestimmt hatte sie einen liebenden Mann und glückliche Kinder.

»Nun, Frauen beschäftigen sich viel mit ihrem Körper; mehr als Männer. Die agieren seelische Nöte anders aus. Viele trinken – das ist ›männlicher‹. Wenn man sich die Statistiken anschaut, sieht man, daß die überwältigende Mehrheit der Patienten mit Eßstörungen Frauen sind. Und das hat sicher mit dem gesellschaftlichen Rollenzwang zu tun: Wie eine Frau sein sollte, wie sie aussehen sollte, wann sie hübsch ist, wann sie als ›zu wenig weiblich‹ empfunden wird – das alles lernen wir schon als Kinder.«

»Seit zehn Jahren lebe ich mit diesem Tier in mir und fühle mich ihm heute noch ausgeliefert wie am ersten Tag. Ich bin eine Freßmaschine. Ein simples Stück Kuchen reicht, um einen Automatismus in Gang zu setzen, der erst vor der Toilette wieder stoppt. Was ich auch versucht habe – es ist mir nie gelungen, meinen Hunger wirklich unter Kontrolle zu bekommen.«

»Es geht nicht darum, deinen Drang zu essen zu kontrollieren. Es ist charakteristisch für eine Sucht, daß sie unkontrollierbar ist.« Es hatte mir Mut gemacht, daß Paula meine Ohnmacht gegenüber dem wilden Verlangen nach Essen nicht in Frage stellte; trotz meiner anfänglichen Vorbehalte hatte ich Vertrauen zu ihr.

»Ich vermute, du kontrollierst ohnehin sehr viel in deinem Leben. Es kann langfristig nicht das Ziel dieser Therapie sein, deinen Zwang zu essen durch weitere Kontrollmechanismen zu bekämpfen, im Gegenteil. Deine Eßgewohnheiten werden sich normalisieren, je mehr es dir gelingt, dich von Zwängen, von permanenter Beherrschung und Schuldgefühlen zu befreien. Und von deinem Gefühl, zu kurz zu kommen.«

Die Malakow-Torte, die meine Mutter zu meinem neunzehnten Geburtstag gebacken hatte, war mir in den Sinn gekommen. Seit meinen frühesten Kindertagen war es zu Hause Tradition gewesen, daß meine Zwillingsschwester Jana eine Schokoladen- und ich eine Malakow-Torte zum Geburtstag bekamen. Am Vorabend hatte ich meiner Mutter zugesehen, wie sie die Kuchen in den Kühlschrank schob und die Küche saubermachte. In der Nacht stand ich auf, hungrig wie so oft, schlich mich in die Küche und begann, an der Verzierung zu naschen.

Erst schleckte ich die Sahne ab, dann griff ich nach den kleinen Buttercremerosetten und schließlich nach den Mandeln. Am Ende lag nur noch ein entstelltes Gerippe auf dem Teller, und auch das aß ich schließlich auf. Ich hatte kein schlechtes Gewissen; es war schließlich *mein* Geburtstagskuchen.

»Wie haben deine Eltern am nächsten Morgen reagiert?« wollte Paula wissen.

»Gar nicht.« Eine brennende Wut hatte in meinen Eingeweiden gewütet. »Meine Mutter hat sich nach diesem Vorfall von einer Psychologin darüber beraten lassen, wie man am besten mit bulimischen Töchtern umgeht. Sie hat nicht geschimpft, mich nicht geohrfeigt, nichts. Als die Hobbypsychologin, die sie nun einmal war, hat sie sich beherrscht und sich nichts anmerken lassen.« Ich redete mich in Rage. »Sie ist schließlich meine Mutter. Sie hätte doch irgendwie reagieren müssen. Zeigen müssen, daß sie wütend auf mich war, daß ich sie enttäuscht hatte, daß sie sich ärgerte, weil sie Stunden in der Küche zugebracht und ich die Torte schon vor meinem Geburtstag aufgefressen hatte.«

»Und du, wie hast du dich am nächsten Morgen verhalten?«

»Ich hab mich in Grund und Boden geniert und mir gewünscht, es wäre alles nicht wahr. Ich habe versucht, zu verdrängen, was geschehen war.« Jenes Bemühen, meine nächtliche Fresserei totzuschweigen, war mir wie ein weiteres Indiz für meine abgründige Perversion erschienen. »Aber still für mich habe ich auch gedacht: Das geschieht euch recht. Seht her, wie verrückt ich bin, was ihr aus mir gemacht habt.«

»Der Angriff auf die Torte richtete sich also eigentlich gegen deine Eltern.«

Am Abend nach dieser ersten Begegnung mit Paula

wollte ich ganz allein sein und betäubte mich mit den bunten Bildern der amerikanischen Fernsehsender.

Torte schmiert fett über den Gaumen. Creme legt sich sämig über die Zunge wie ein dicker Ölfilm. Fisch mischt sich mit klebrigem Griesbrei zu einem klumpigen Brei; er stopft den Mund, den Rachen, den Hals.

Der Kopf ist zu; die Außenwelt ist ausgesperrt. Alle Geräusche verstummen, nur das hektische Mahlen und Schlucken dringt noch durch, verdichtet sich zu einem speziellen Klangteppich in einer eigenen Welt. Die Kontraktionen der Speiseröhre schütteln den Körper. Oben schaufelt eine Hand neue Massen hinterher. Eine Lawine halbzerkauter Essensfetzen bahnt sich ihren Weg durch den schmalen Gang hinunter Richtung Magen. Pausenlos. Besinnungslos. Gnadenlos. Der Körper ist ein schutzloses Opfer, geschüttelt von endloser Zerstörungswut.

Der Körper wird schwach. Bald liegt er darnieder.

Der malträtierte Körper rebelliert, mit letzter Kraft. Die Seele ist kaputt, der Bannkreis wird enger.

Schlafen, bitte schlafen. Ruhe. Frieden.

Ich erwachte und fand mich in einem Alptraum wieder. Zitternd schleppte ich mich ins Bad und starrte in ein ausdrucksloses, graues Gesicht. Ein Schwindel packte mich. Ich wehrte mich nicht mehr dagegen. Mein Körper ergab sich wehrlos und sackte in sich zusammen. Ich war ganz unten angelangt: Die gesundheitlichen Beschwerden und die psychischen Belastungen schlugen über mir zusammen wie Wogen. Im Kampf gegen meinen Körper hatte ich verloren, ich hatte den Scheitelpunkt meiner Bulimie erreicht. Vielleicht hatte es soweit kommen müssen, denn endlich konnte ich Hilfe annehmen.

Jetzt erklärte ich mich bereit, Paulas Forderung zu akzeptieren. Ich würde versuchen, sechs bis acht Pfund zuzunehmen. Meine Kleider würden dann allerdings eingemottet.

Ich lernte, meinen ›Stoff‹ zu dosieren, und trainierte das, was man gemeinhin als »normales Essen« bezeichnet. Paula und ich entwarfen eine Art Ernährungsmanagement für mich. Wir stellten zwei Listen auf: Die eine enthielt »gute Lebensmittel« voller Mineralstoffe, Vitamine und Proteine – Obst und Gemüse beispielsweise. Auf der anderen Liste standen die »schlechten Dinge«: fette Pastete, Rahmkäse, Kuchen, Kohlenhydrate, Kaffee. Die »schlechten Dinge« sollte ich während der ersten Monate meiden, die »guten Dinge« viel und regelmäßig zu mir nehmen.

»Deine innere Einstellung entscheidet über Erfolg und Mißerfolg«, ermunterte Paula mich bei unserem zweiten Treffen. »Iß, was dir schmeckt. Anfangs wirst du zwar nicht wissen, was dir überhaupt noch schmeckt, was du verträgst, wovon dir übel wird, welche Lebensmittel dir Kraft und Energie geben. Aber mit der Zeit wirst du es herausfinden. Bleib flexibel, entwirf keinen starren Speiseplan, eng dich nicht selbst ein. Orientiere dich einzig an den beiden Listen.«

Ich hielt diese Vorgaben nicht für übermäßig schwierig, auch wenn sie meinen bisherigen Eßgewohnheiten völlig entgegenstanden. Was mich beunruhigte, war die Regelmäßigkeit, mit der ich essen sollte, und die Tatsache, daß ich zunehmen würde.

»Ich möchte, daß du aufhörst, exzessiv zu turnen. Und daß du auf jede Form von Diät verzichtest«, fuhr Paula ungerührt fort. »Keine Entschlackungskuren, keine Obstsaftkuren, keine Nulldiät. Wenn du etwas zu dir nimmst, sollst du es aus Lust und nicht aus Frust tun können.«

Mir wurde schwindelig. Und ich war mißtrauisch, obwohl ich meinen Körper bereits bis an seine Grenzen ge-
führt hatte. Ich befürchtete, daß jeder einzelne Happen,
selbst wenn er noch so gesund sein mochte, den alten
Reflex auslösen würde.

»Ein Frühstück morgens nach dem Aufstehen macht
dich nicht dick«, sagte Paula. »Es nutzt nichts, wenn du
die erste Mahlzeit möglichst lange hinauszögerst, um dich
nicht zu gefährden. Du übst nur wieder Verzicht und gibst
deinem Grundgefühl, zu kurz zu kommen, unfreiwillig
Nahrung. Alle Menschen frühstücken morgens – du darfst
das auch! Außerdem wird mit einem Frühstück im Bauch
der Essensdruck gegen Mittag gedämpft. Dein Heißhunger verliert an Dominanz. Und du kannst – anstatt dich
darauf zu konzentrieren, deinen Hunger zu unterdrük-
ken – deine Kraft anderweitig nutzen.« Paula sah mich
fragend an. »Kannst du mir folgen?«

»Ich glaube schon. Aber was ist, wenn der Hunger
trotzdem kommt und stärker ist als ich?«

»Die alte Gier wird immer mal wieder durchbrechen.
Auf jeden Fall solltest du nicht zuviel von dir erwarten.
Am Ende ist es besser, du joggst eine Runde durch den
Central Park, als daß du eine Familienpackung Eiscreme verdrückst. Aber du wirst merken, daß die Hun-
geranfälle seltener werden, sobald dein Körper erst einmal anfängt, sich zu erholen.«

Und dann eröffnete Paula mir eine grundsätzlich neue
Lebensperspektive: »Stell dir einmal vor, du investierst
all die Energie, die du bislang in Lügen und Geheimnis-
krämerei, in die Beschaffung von Essen, ins heimliche
Hinunterschlingen und wieder Erbrechen gesteckt hast,
in dein Leben!«

Ich versuchte, es mir auszumalen. Meine Phantasie
reichte nicht aus.

Skeptisch, doch in dem Wissen, daß ich keine andere Wahl hatte, wenn ich nicht in der Freßfalle steckenbleiben wollte, erklärte ich mich bereit, täglich und regelmäßig mehrere kleine Portionen zu mir zu nehmen. Wenn ich vor meinem geistigen Auge den Film der vergangenen Jahre ablaufen ließ, sah ich, daß ich mich in einer ausweglosen Lage befand. Diese Erkenntnis war niederschmetternd; doch die Aussicht, den Rest meines Lebens zwischen Kühlschrank und Klo zu pendeln, war schlimmer. Die Angst davor gab mir Kraft, mich auf Paulas Vorschläge einzulassen. Ich wollte aussteigen und begann mit meinem ›Entzug‹.

Ab dieser Sitzung startete ich mit einem kleinen Frühstück in den Tag, aß später etwas Obst, mittags Salat, mageres Fleisch oder Fisch, nachmittags eine Scheibe Brot, dann eine Suppe, Gemüse oder Joghurt. Zu meinem eigenen Erstaunen machte es Spaß auszuprobieren, wie es ist, wenn man ißt, ohne die Nahrung in »gut einbreibar« und »unkotzbar« einzuteilen. Ich aß langsam, schlang nicht mehr hinein, kaute, ohne hektisch nach der Uhr zu schielen, und entdeckte den Geschmack von Lebensmitteln, die ich hundertmal, ja tausendmal in mich hineingestopft hatte, ohne sie jemals »auf der Zunge zergehen zu lassen«. Alles war neu und irgendwie aufregend.

Meine Angst vor Lebensmitteln ließ nach. Ich entdeckte, daß sie nicht vor allem dick machten, sondern daß Essen notwendig war, um zu überleben. Das hatte ich ganz vergessen. Essen war mein Feind gewesen, der mich dick und häßlich machte. Essen war mein Trost gewesen, wenn ich mich leer fühlte. Nun wurde es zu meinem Wegbegleiter, zu etwas, was mich am Leben hielt und stärkte. Denn leben wollte ich.

»Wie geht es mit dem Essen?« fragte Paula, als ich wieder in ihre Praxis kam.

»Besser«, antwortete ich froh. »Tagsüber ernähre ich mich normal. Nur abends bekomme ich noch Hunger. Dann koche und kotze ich. Doch tagsüber bin ich sauber.« Uns beiden war klar, daß dies ein Meilenstein in meiner Therapie darstellte: statt viermal täglich essen und erbrechen nur noch einmal!

»Gut«, sagte Paula. »Laß dir Zeit, überfordere dich nicht. Mach deine Ernährung nicht zum Mittelpunkt deines Lebens, aber halte dich bewußt an die regelmäßigen Mahlzeiten und die beiden Listen.«

Zur nächsten Sitzung erschien ich überglücklich.

»Paula, es geht mir phantastisch! Ich habe seit sieben Tagen nicht erbrochen und sieben Pfund zugenommen.« Stolz deutete ich auf den Bund meines neuen, buntgemusterten Rocks; ich wog 58 Kilo. »Ich esse viel Gemüse, und das Kartoffelpüree rühre ich inzwischen mit Milch an. Früher hab ich Wasser genommen, und selbst dabei hatte ich Angst, dick zu werden.« Paula freute sich für mich; sie sagte mir allerdings nicht, daß in dieser Euphorie nach dem Tiefpunkt zwar die eigentliche Chance des Ausstiegs lag, daß der Höhenflug aber mit ziemlicher Sicherheit auch wieder enden würde.

In diesen Tagen erlebte ich die Welt auf völlig neue Weise. Jahrelang hatte ich an mir und dem Leben gezweifelt; nun verkehrte sich meine negative Grundhaltung in ihr Gegenteil: Alles schien freundlich, hell, optimistisch. Ich merkte, daß ich aufhören *konnte*. Ich war stark. Kraft meines Willens war ich keine Freß-und-Kotz-Maschine mehr, ich *mußte* nicht mehr essen, sondern war in der Lage, ein normales Leben zu führen. Ich fühlte mich unbeschreiblich erleichtert und glücklich und genoß jeden Tag. Ich radierte meine Vergangenheit aus und war sicher, nie wieder in mein altes Muster zurückzufallen.

Jahrelang hatte ich mich bemüht, perfekt zu sein. Vernünftig, schön, schlank. Wie ein Seismograph versuchte ich, die Erwartungen meiner Umwelt zu erspüren; wie ein Kind, das geliebt und gelobt werden will, setzte ich viel daran, diesen vermeintlichen Maßgaben gerecht zu werden. Ich wußte, daß ein falscher Schritt genügte, um alles zu zerstören. Ich analysierte, was immer geschah, und brachte es dabei zu der gleichen Perfektion, mit der ich auch Kalorien zählte und meinen Körper in einzelne Regionen unterteilte, die es zu trimmen, zu straffen, zu cremen und zu verschlanken galt.

Paula half mir, diese Angst zu erkennen und abzubauen; sie brachte mir bei, in der Gegenwart zu leben.

»Du reflektierst permanent über alles, was du tust. Schon bevor du handelst, hast du es durchdacht und sämtliche Varianten dafür durchgespielt, wie sich eine Sache entwickeln könnte. Du denkst und beobachtest – und hinderst dich daran, die Gegenwart zu erleben. Du lebst mehr in deinem Kopf als in der Realität.«

Jene kühle, rationale Art zu leben war mein Schutzwall. Die pädagogischen Experimente meiner Eltern waren unberechenbar gewesen; wurde etwas in einen Moment toleriert, konnte es im nächsten Augenblick bestraft werden. Also kontrollierte ich mein Verhalten, beobachtete meine Eltern und versuchte, die Strategie vorherzusehen, nach der ich jeweils behandelt wurde. Genauso verhielt es sich mit den Reaktionen der Männer: Ich versuchte, ihre Absichten zu ahnen, analysierte ihr Verhalten, ihre Gesten, ihre Worte, dosierte entsprechend meine Gefühle und plante meinen Auftritt. Nicht zuletzt meinem Körper und mir selbst gegenüber verhielt ich mich beherrscht. Ich kontrollierte mein Gewicht, rationierte mein Essen, und wenn ich über die Stränge geschlagen hatte, versuchte ich, alles Unerlaubte wieder loszuwerden, und erbrach mich, bis mein Körper die Grenzen der Erschöpfung erreichte.

Die Fassade, hinter der ich lebte, jene Illusion einer überlegten, kritischen, schönen, selbstsicheren Frau, an der ich festhielt, diente dazu, Gefühle von mir fernzuhalten. Mir wurde klar, daß ich lernen mußte, mich anrühren zu lassen, auch wenn diese Offenheit gegenüber dem Leben, diese Bereitschaft zum Jetzt einen Kontrollverlust bedeutete. Ich mußte meine Furcht vor dem einen falschen Schritt, mit dem ich alles zunichte machen konnte – mein Gewicht, jede Anerkennung, ja, meine Existenzberechtigung – abbauen.

»Letztlich wird dein Leben dadurch größer, bunter, spannender«, tröstete mich Paula. Sie brachte mir zunächst bei, mich mit Hilfe einer bestimmten Technik aus Augenblicken der Selbstreflexion heraus- und in die Gegenwart hineinzuholen.

»Stell dir vor, du warst im Museum, kommst heim, bist voller Eindrücke und total aufgelöst, weißt nicht, wer du bist, und das einzige, was du denkst ist: Essen. Essen, bis es dir wieder besser geht. Essen hat eine ausbalancierende Wirkung, und du weißt, wenn du anschließend erbrichst, wirst du nicht zunehmen. Nun versuche einmal folgendes: Du stehst mitten in der Küche, zwei Schritte vor dem Kühlschrank. Schau dich um. Wo bist du? Sieh dir die Gegenstände um dich herum an und bring deine Gedanken zum Ausdruck: Eine blaue Tasse, eine Schale mit Obst, die erinnert mich an die Liste der ›guten Dinge‹, die meinen Körper mit Vitaminen versorgen. Und jetzt habe ich doch eine Cola getrunken und keine ›diet-Coke‹. Diese Technik holt dich aus deiner Leere

und der Konzentration auf das Essen heraus, der Heißhunger wird gebremst.«

Ich probierte die Übung, als mich das nächste Mal die
Gier überfiel. Tatsächlich schaffte ich es, eine Himbeer-
torte stehen zu lassen und mit einem Apfel in der Hand
aus der Küche zu gehen. Ich nahm mir vor, diese Metho-
de auch in anderen Situationen meines Lebens auszuprobieren.

Zu dieser Zeit wußte ich noch nicht, wie wichtig es
war, daß ich ein stabiles Gerüst für ein Leben ohne »Frustfraß« aufbaute, so lange ich mich noch in jenem Zustand
glücklicher Euphorie befand. Ganz behutsam führte Paula mich in diese Richtung.

Nachdem ich mehrere Jahre lang in Gastronomiebetrie-
ben gearbeitet hatte, begann ich, mich nach einem ge-
ordneten Tag- und Nachtrhythmus zu sehnen. Gestärkt
durch die Erfolgserlebnisse in der Therapie schmiedete
ich Pläne für meine Zukunft. Ich nahm mir vor, ungeachtet der horrenden Mieten endlich ein eigenes Apartment zu suchen, um nicht länger bei Tobias wohnen zu
müssen. Außerdem wollte ich mich beruflich umorien-
tieren und Journalistin werden; New York war ein idea-
ler Ort, um als Korrespondentin zu arbeiten. Erstaunlicherweise war das Letztere leichter zu realisieren als der
Traum von der eigenen Wohnung.

Kurz vor Weihnachten flog ich nach Österreich, um
mich in verschiedenen Redaktionen vorzustellen und
Kontakte zu knüpfen. Ich wollte über Eßstörungen schreiben. In Amerika ging man mit dem Thema sehr offen
um, in Europa, so war mein Eindruck, wurde besonders
die Bulimie nach wie vor tabuisiert. Ich hatte genügend
Erfahrungen mit dieser Sucht, um zu wissen, wovon ich
sprach. Meine Vorschläge trafen auf offene Ohren. Eine

Tageszeitung zeigte sich äußerst interessiert und wollte sogar einen ganzseitigen Artikel veröffentlichen. Ich war zufrieden und fuhr weiter nach Graz, um die Feiertage mit meinen Eltern zu verbringen. Der Besuch wurde zu einer unangenehmen Reise in die Vergangenheit.

Kurz nach meiner Ankunft ging ich in die Küche und sah nach, ob der Kühlschrank gut gefüllt war. »Vorratgucken« – es beruhigte mich immer noch zu wissen, daß genügend Essen im Haus war. Trotzdem gelang es mir, mich strikt weiterhin an die Grundregeln zu halten und mehrmals täglich kleine Portionen von allem zu essen, was Paula auf die Liste der »guten Dinge« gesetzt hatte. Sogar an Heiligabend, als meine Mutter unser traditionelles Weihnachtsessen bereitete, eine gefüllte Gans mit Knödeln und Rotkohl, aß ich wenig.

Innerhalb kurzer Zeit legte sich die bedrückende Atmosphäre meines Elternhauses, diese altbekannte und so schwer faßbare Widersprüchlichkeit, erneut wie ein bleierner Mantel über mich. Ich merkte, wie ich mich in das Mädchen zurückverwandelte, das ich damals gewesen war. Ich spürte eine altbekannte Wut in mir aufsteigen, Wut über diese allgegenwärtigen Forderungen, denen ich nie genügen konnte, weil sie immer unter der Oberfläche steckenblieben und nie klar ausgesprochen wurden. Doch schluckte ich meinen Zorn hinunter, gemeinsam mit den kleinen Portionen »guter« Lebensmittel.

Die Therapie hatte meine Wahrnehmungsfähigkeiten geschärft, und anders als früher bemerkte ich, daß ich mich selbst betrog, daß ich hinunterwürgte, was mir nicht behagte. Ich nahm meine Gefühle nicht ernst, räumte ihnen keine Existenzberechtigung ein. Aber ich traute mich auch nicht, meinen Eltern entgegenzutreten und sie als Menschen mit eigenen Lebensinhalten, Wünschen und Vorstellungen zu akzeptieren. Mir fehlten die Kraft und der Mut dazu. Das kannst du nicht tun, schalt eine Stimme in meinem Inneren. Schließlich hast du ihnen verziehen; unter Tränen hat Mami vor deinem Bett gekniet und dich um Vergebung gebeten. Ich konnte meine Eltern heute nicht mehr für Fehler zur Rechenschaft ziehen, die sie in der Vergangenheit begangen hatten. Trotzdem machte ich ihnen immer noch Vorwürfe und sehnte mich gleichzeitig danach, von ihnen uneingeschränkt akzeptiert zu werden.

Ich befand mich in einem Dilemma. Bewertete ich ihren Anspruch auf Vergebung und Harmonie höher als mein Verlangen danach, mein Unbehagen auszudrücken, dann richtete ich meine Aggressionen nicht gegen diejenigen, die sie auslösten, sondern gegen mich selbst. Dann würde der Zorn weiter in mir nagen, und ich müßte wieder fressen bis zum Zusammenbruch. Mich zerstören. Doch das unsichere kleine Mädchen in mir war mächtiger als jede Vernunft und alles, was ich in der Therapie gelernt hatte.

Ich war froh, als die Feiertage vorüber waren, und ich zurück nach New York fliegen konnte.

Auf dem Weg vom Flughafen nach Hause kaufte ich ein; als ich die Tüten leerräumte, kroch eine eiskalte Wut durch meine Eingeweide. Alle Anstrengungen der Weihnachtsfeiertage ballten sich zu einem riesigen Kloß in meinem Bauch zusammen. Sie lärmten und schrien und bahnten sich gewaltsam ihren Weg nach oben. Sie wollten raus. Sie schüttelten mich. Sie lähmten mich. Sie machten mich rasend und ohnmächtig und verzweifelt. Ich griff nach einem Joghurt, nahm einen Löffel aus der Schublade und setzte mich an den Küchentisch. Ich löffelte einen bunten Becher nach dem anderen leer, öffnete ein Packung Kekse und naschte an der frischen Heidelbeermarmelade. In meinem Hinterkopf setzte leise der

Chor vertrauter Stimmen ein: *Beruhige dich. Iß, das tut dir gut. Nimm nur, es steht dir zu.*

Ich zog den frischen Hefezopf hervor, den ich schon in den Brotkasten geschoben hatte, und bestrich zwei Scheiben mit Marmelade. Auf einmal mischte sich Paulas Stimme in den Chor: *Iß langsam und mit Genuß, nicht aus Frust.*

Einmal. Ein einziges Mal würde ich jetzt noch gegen alle Vorgaben verstoßen und essen. Ein letztes Mal. Ich war nicht stark genug gewesen. Dieses Treffen mit meinen Eltern hatte mich vor Schwierigkeiten gestellt, denen ich nicht gewachsen gewesen war. Für so viele verwirrende Eindrücke bin ich einfach nicht stabil genug, Paula.

Der Hefezopf war alle, doch in einer der Tüten steckte noch eine Packung Toastbrot. Mein Verstand schalt: Du hast versagt.

Wer sündigt, wird bestraft. Den Gehorsam gegenüber Obrigkeiten, den meine Eltern pflegten, hatte auch ich verinnerlicht. Sie und ich – wir unterwarfen uns Diktaten. Bloß die Inhalte unterschieden sich: Wer sündigt, den straft Gott, lautete ihre Lebensformel; wer frißt, wird fett, war mein oberstes Gesetz. Alle drei hatten wir Angst vor einer höheren, allwissenden Macht, die uns strafen würde, und quälten uns mit unserem schlechten Gewissen, wenn wir versagt hatten, nicht stark genug gewesen waren, unseren Idealen treu zu bleiben. Herr, hilf mir, wenn ich einen Kühlschrank sehe; doch mein Stoßgebet war selten erhört worden.

Ich kaute die letzte Scheibe Toastbrot, und mein Hunger wuchs. Die alte Bestie richtete sich in mir auf, sie stand in voller Größe da und brüllte mich an. Nur der beständige Rhythmus der mahlenden Kiefer konnte sie beruhigen. Ich schob eine Packung Tiefkühl-Lasagne in die Mikrowelle und öffnete eine Dose Thunfisch. Mein Verstand rief: *Beherrsche dich!* Meine Sucht fauchte: *Schnauze, Stoff her!*

Später erbrach ich den Frustfraß, den gesamten Inhalt von drei Einkaufstüten.

»Ich glaube, das Beste ist, ich finde mich damit ab, daß ich den Rest meines Lebens fressen und kotzen werde!« Mit einem Kloß im Hals saß ich in Paulas Praxis in Manhattan und kämpfte mit den Tränen. »Früher war alles so einfach gewesen. Ich habe gefressen und gekotzt. Ich habe mich gefüttert, das Loch in meiner hungrigen Seele gestopft und mich bestraft, wenn ich die Beherrschung verloren hatte. Es war pervers, aber es hat funktioniert. Jetzt funktioniert gar nichts mehr.«

Mein Rückfall wurde von regelrechten Existenzängsten begleitet. Niemals würde ich in der Lage sein, mein Leben vernünftig und erfolgreich zu organisieren. Niemals würde ich es unbeschwert genießen können. Die ganze Welt war ein bulimisches Gefängnis. Ich konnte kaum noch einen klaren Gedanken fassen, geschweige denn mit der Arbeit an dem Artikel für die Zeitung in Österreich beginnen.

»Ich schaffe es nicht! Das Essen macht mich wahnsinnig: Immer ist es da, es läßt mich nicht los. Jeden Tag kämpfe ich mit der Sucht. Und gerade wenn ich denke, ich habe es geschafft, bricht mein Leben wie ein Kartenhaus in sich zusammen.« Ich versuchte, mein Scheitern zu entschuldigen. Ich genierte mich vor Paula.

»Was erwartest du?« fragte Paula und reichte mir ein Taschentuch.

»Ich will endlich zu mir selbst finden und nicht mehr fliehen. Ich will nicht mehr fressen, ich will ein normales, friedliches Leben führen.« Ich putzte mir die Nase.

144

Irgendwie hatte ich mir die Therapie weniger anstrengend vorgestellt, nicht so nervenaufreibend.

»Ich weiß inzwischen alles über Bulimie. Ich befolge deine Ratschläge, ich versuche, mich weniger zu kontrollieren, ich merke, wenn ich aus Frust fresse. Trotzdem kann ich mich nicht gegen diesen Zwang wehren. Ich kann mein gesammeltes Wissen einfach nicht umsetzen. Ich bin ein fressendes und kotzendes Nichts, ich stecke fest in dieser beschissenen Sucht, und wenn ich so weitermache, werde ich noch wahnsinnig. Ich verzweifle an mir selbst.«

»Soweit wird es nicht kommen«, sagte Paula in gewohnt ruhigem Ton. »Du stehst noch ziemlich am Anfang, ein Rückfall ist nichts Ungewöhnliches in diesem Stadium.« Sie reichte mir ein neues Taschentuch. »Denk doch mal an die Dinge, die du bereits geschafft hast. Du hast zugenommen, siehst gesünder aus als früher, du hast deinen ersten Auftrag für einen Artikel. Das sind doch Leistungen!«

»Der Artikel . . .« Ich zuckte matt mit den Schultern.

»Du wirkst müde. Es ist eine anstrengende Phase, in der du steckst. Aber du bist einer Heilung näher als je zuvor. Erinnere dich an unsere erste Sitzung. Damals warst du nicht einmal bereit, dir deine Sucht einzugestehen, du wolltest nur wissen, wie du deine Symptome besser kontrollieren kannst. Heute bist du fähig, deine Schwäche zuzugeben.«

Paulas Worte führten mir einen Teil der Wirklichkeit vor Augen, den ich selbst nicht wahrgenommen hatte. Ich war an einem Punkt angelangt, an dem ich begann, mein bisheriges Lebenskonzept und mein permanentes Streben nach Perfektion in Frage zu stellen. Nachdem ich jahrelang jede Hilfe verweigert hatte, sah ich mich jetzt als Patientin. Ich bestand nicht mehr störrisch darauf, stets stark genug zu sein, um alles alleine durchzustehen. Ich hatte begonnen, mich von meinem Leitbild der superschönen, superschlanken, superselbständigen Powerfrau zu distanzieren.

»Wer bist du, wenn du nicht ißt?« Paulas Stimme holte mich aus meinen Gedanken. »Erinnerst du dich, daß ich anfangs einmal gesagt habe, du könntest die Energien, die du jahrelang in deine Sucht gesteckt hast, auch in dein Leben investieren? Du hattest Mühe, dir das vorzustellen. Langsam kommst du diesem Ziel aber näher. Trotz deines Rückfalls lebst du inzwischen mit einem anderen Lebensgerüst. Du nimmst deine Gefühle und Konflikte wahr, auch wenn du sie nicht immer ausleben und auflösen kannst. Dem Essen, der Parole ›Schlank ist schön‹ und der unsinnigen Verknüpfung zwischen einer Diät und dem Versprechen auf ein glückliches Leben bist du weniger ausgeliefert als zur Zeit vor der Therapie. Du fängst an, dich selbst wertzuschätzen.«

Wer war ich, wenn ich nicht aß – diese simple Frage hatte mich immer wieder beschäftigt; für gewöhnlich löste sie Ratlosigkeit in mir aus. Die Perspektive auf ein suchtfreies Leben war zu neu, als daß ich wirklich etwas mit ihr anzufangen gewußt hätte. Was sollte ich mit dieser Kraft, von der Paula sprach, tun? Was bedeutete es, absolut symptomfrei zu leben? Ich wäre total frei. Und dann? Nun hatte ich Antworten auf diese Frage gefunden, ohne daß es mir bewußt geworden war.

»Wenn ich einem Ideal hinterhergelaufen bin und es kopiert habe, wer *bin* ich dann heute?« Ich sah Paula fragend an. Sie schwieg und überließ mich meinen Gedanken und Gefühlen.

Dieses perfekte Image, nach dem ich gestrebt hatte, konnte ich akzeptieren, weil es in allen Punkten meinen Wünschen entsprach. Doch mein wahres Wesen war hinter jener Fassade verkümmert; mein eigentliches Ich kannte ich kaum. Das, was ich kannte, lehnte ich ab: meine natürliche Figur, meinen schwachen Willen, der mich immer wieder hemmungslos hatte fressen lassen. Der Rest war mir fremd. Paula öffnete mir die Augen und ließ mich sehen, daß ich meinem wahren Selbst im täglichen Leben viel zu wenig Platz einräumte; so wenig, daß es versuchte, auf der körperlichen Ebene durchzubrechen.

Alle vorherigen Bemühungen, meinen Hunger in den Griff zu bekommen, erschienen jetzt wie halbherzige Versuche vor ihrer eigentlichen Zeit. Ich hatte an den Symptomen herumgedoktort; dabei galt es, mich mir selbst zu stellen. Meine Bulimie war eine jahrelange Flucht gewesen. Mit beinahe 23 Jahren sah ich mir zum erstenmal selbst ins Gesicht. Diese Erkenntnis hatte etwas Unheimliches, doch gleichzeitig erkannte ich die ungeheure Chance, die in meiner Krankheit lag.

Ich flog nach Los Angeles, wo Donna als Model für ein Modemagazin vor der Kamera stand. Ihre Agentur stellte ihr während dieser Zeit eine geräumige Wohnung zur Verfügung, und Donna hatte mir angeboten, eine Woche bei ihr zu wohnen und mir die Stadt anzusehen. Nebenbei konnte ich versuchen, für einen weiteren Artikel zu recherchieren. Meine erste Arbeit war inzwischen veröffentlicht worden.

Der Flug ging frühmorgens. Über der Startbahn hing ein satter Dunst, der Tag begann grau in grau. Ich hatte einen Fensterplatz und machte es mir gemütlich. Die Stewardessen halfen noch einzelnen Passagieren, ihre Plätze zu finden. Zwei Reihen weiter vorne verstaute ein Mann Taschen im Gepäckfach. Seine Ehefrau, eine geliftete Mittvierzigerin, gab ihm schlaue Ratschläge. Er bemühte sich sichtlich, nicht die Beherrschung zu verlieren und sie anzuraunzen. Neben mir hatten ein Mann und eine ältere Dame offenbar ihre Platzkarten vertauscht.

»Wenn es Ihnen nichts ausmacht, würde ich gerne möglichst nahe am Fenster sitzen.« Der Mann war groß und braungebrannt; ich hatte ihn bereits in der Abflughalle bemerkt.

»Es macht mir nichts aus, aber ich finde, Sie könnten fragen«, entgegnete die fremde Dame leicht säuerlich.

Ich sah wieder aus dem Fenster. Meine Gedanken kreisten um die letzte Sitzung bei Paula. Erst als die Stewardeß mit dem Frühstück kam, kehrte ich zurück in die Gegenwart.

»Guten Appetit.« Mein Sitznachbar lächelte mir zu.

»Gleichfalls«, antwortete ich und griff nach dem Besteck. Wir begannen eine amüsante Unterhaltung über die Verpflegung in Flugzeugen im allgemeinen und das Zeug auf den Plastiktabletts vor uns im besonderen. Später brachte er das Gespräch auf die Kunst, und es entwickelte sich eine intensive Debatte über moderne Malerei. Der Mann hieß Jean-Claude, war Franzose und betrieb Kunsthandlungen in New York und Paris.

Als ich eine Woche später aus Los Angeles zurückkam, fand ich einen imposanten Strauß gelber Rosen auf dem Küchentisch vor. Tobias konnte sich einen spöttischen Kommentar nicht verkneifen.

»Da hast du ja richtig zugegriffen! Sieht aus, als hättest du dem Kerl mächtig den Kopf verdreht. Er hat auch schon zweimal angerufen.« Als hätte im Himmel jemand mit Überblick übers irdische Geschehen die entsprechenden Strippen gezogen, klingelte genau in diesem Moment das Telefon.

»Allo?« Der weiche französische Akzent schoß mir direkt in den Bauch.

»H-hallo Jean-Claude. Danke für die Blumen«, stammelte ich. »Sie sind wunderschön.«

»Hast du heute abend Zeit? Ich würde dich gerne zum Essen einladen.« Ich fühlte mich etwas überrumpelt. Tobias gestikulierte wild im Hintergrund.

»Heute abend kann ich nicht«, log ich.

»Sag zu!« zischte Tobias.

»Ich wollte mich für die charmante Unterhaltung während des Fluges bedanken«, sagte die weiche Stimme. Ich suchte nervös nach einer treffenden Antwort.

Schließlich verabredeten wir uns für den nächsten Abend. Jean-Claude schlug das Bistro an der Madison Avenue vor, das ich so mochte; es erstaunte mich, daß er sich dieses winzige Detail unserer stundenlangen Unterhaltung gemerkt hatte.

»Ich schicke einen Wagen, der dich abholt.«

Als ich den Telefonhörer auflegte, bemerkte ich, daß Tobias mich eingehend musterte.

»Wer ist denn dieser kopflose Verehrer?«

Ich erzählte, wer sich hinter dem Namen verbarg, der in geschwungenen Lettern auf dem Kärtchen im Rosenstrauß stand. Tobias' Miene veränderte sich und wurde vorwurfsvoll.

»Da interessiert sich ein Mann von Format für dich, und du gibst dich am Telefon wie ein zickiger Teenager . . . Was soll das?«

Unter dem Vorwand, meinen Koffer auspacken zu müssen, ließ ich Tobias stehen und verdrückte ich mich in mein Zimmer.

Am nächsten Abend rief ich kurz vor der Verabredung in der Galerie an. Jean-Claudes Sekretärin war am Telefon. Erleichtert über diese Fügung bat ich sie, ihm auszurichten, ich fühlte mich nicht wohl und könne die Verabredung nicht einhalten. Verzweifelt hatte ich zuvor alle in Frage kommenden Kostüme, Röcke, Blusen und Kleider durchprobiert, die in meinem Kleiderschrank hingen. Bis mich die Panik packte: Ich fand nichts anzuziehen, ich war fett und häßlich, ich konnte mich unmöglich heute abend in der Öffentlichkeit blicken lassen. Als Jean-Claude später zurückrief, ließ ich mich verleugnen.

In der kommenden Woche rief er täglich an und wiederholte seine Einladung; manchmal wünschte er mir auch nur eine »Gute Nacht«. Schließlich fiel mir keine akzeptable Ausrede mehr ein.

Als wir uns an einem Mittwochabend endlich gegenübersaßen, sprühte Jean-Claude vor Charme. Er war attraktiver, als ich ihn in Erinnerung gehabt hatte. Die Aufmerksamkeit, mit der er mir begegnete, machte mich verlegen. Ich nestelte an meinem Rocksaum herum. Hätte ich bloß den Hosenanzug angezogen. Schon während des Fluges nach Los Angeles hatte ich bemerkt, daß Jean-Claude meine Beine musterte. Sie waren zu dick, natürlich, sie waren nicht grazil genug.

»Schade, daß du dir am Freitag nicht hast freinehmen können«, sagte Jean-Claude, nachdem der Kellner die Bestellung für die Aperitifs aufgenommen hatte. »Ich hatte zwei Karten fürs Ballett besorgt.« Ich rückte ein Stück vor, um meine Beine unter dem Tischtuch zu verstecken.

»Es tut mir leid«, log ich und lächelte. »Ich mußte einen Artikel fertigschreiben.«

Der Ober kam erneut an unseren Tisch, und Jean-Claude bestellte. Ich studierte sein Profil. Die hohe Stirn ging unterhalb der mächtigen Brauen und der sanften, braunen Augen mit elegantem Schwung in eine breite, energische Nase über. Etwas in Jean-Claudes Zügen gab mir ein Gefühl von Geborgenheit.

»Ich hoffe, du hast heute etwas mehr Appetit als neulich im Flugzeug«, lächelte Jean-Claude. Dann hob er sein Glas und prostete mir zu.

»Auf die Kunst«, sagte ich, bemüht, meine Stimme fest und sicher klingen zu lassen.

»Auf die Kunst der Verwirrung«, erwiderte er. Ich verstand nicht, was er damit sagen wollte; doch ich mochte nicht nachfragen, um mir keine Blöße zu geben. Ich rettete mich in große Gesten. Verunsichert begann ich, völlig übertrieben von meinem Aufenthalt in Los Angeles zu erzählen, von Donna und den *Shootings*. Jean-Claude hörte zu. Ab und zu machte er ein paar charmante Bemerkungen oder Komplimente. Trotzdem wollte es mir nicht gelingen, mich geschmeichelt zu fühlen; eher hatte ich den Eindruck, getestet zu werden. Anstatt mich zu freuen und entspannt den Abend zu genießen, sackte ich in der Gegenwart dieses souverän wirkenden Mannes innerlich zusammen. Ich distanzierte mich von mir, mein öffentliches Ich übernahm die Führung, redete, plauderte und flirtete. Mein anderes Ich staunte über diese künstliche Selbstsicherheit. Als würde ich an einem Artikel arbeiten, baute ich Schritt für Schritt die Unterhaltung auf und schuf ein Konzept für ein gelungenes Rendezvous, an dem wir uns entlangarbeiten konnten; Spannung und Höhepunkte inklusive.

Die meisten Gäste waren schon gegangen, als ich mein Bedürfnis nach Kontrolle langsam wieder drosseln konnte. Jean-Claude hatte sich in seinem Stuhl zurückgelehnt, hörte zu und beobachtete mich. Er verhielt sich sehr respektvoll und zurückhaltend. Beinahe zärtlich war er bemüht, mich nicht zu überrumpeln. Im Gegensatz zu den Bekannten, mit denen ich gewöhnlich ausging, war Jean-Claude ein reifer Mann; nicht nur wegen seines Alters, sondern auch wegen seiner Souveränität. Seine Stärke und Sanftheit berührten etwas in mir, das sich nach

Entfaltung sehnte. Noch nie hatte ich mich so sehr als Frau gefühlt wie jetzt. Obwohl ich unsicher war und mich wegen meines unzulänglichen Äußeren unbehaglich fühlte. Als wir das Bistro verließen, ging ich erhobenen Kopfes an den wenigen noch besetzten Tischen vorbei.

»Ich fliege morgen nach Paris«, sagte Jean-Claude, als er mich später vor der Haustür absetzte. »In drei Wochen, wenn die großen Auktionen beginnen, komme ich zurück.« Mit einem Finger strich er leicht über meine Wange. »Ich hoffe, wir sehen uns dann wieder.« Dann hauchte er mir einen Kuß auf die Wange.

Als ich die Wohnungstür aufschloß, saß Tobias mit seiner neuen Freundin am Tisch und spielte Backgammon. Bevor ich gegangen war, hatte er mir noch gutgemeinte Tips gegeben: »Fahr dir nicht ständig mit den Händen durchs Gesicht, Puppe, damit machst du jedes Gegenüber nervös.« Angestrengt hatte ich den ganzen Abend über darauf geachtet, solche unsicheren Gesten zu vermeiden; sie paßten nicht zu dem überlegten und überlegenen Eindruck, den ich erwecken wollte. Doch jetzt stand mir der Sinn nicht nach weiteren Ratschlägen oder launigen Kommentaren.

»Dich hat es erwischt, was, Puppe? Du strahlst wie tausend Sterne.«

»Nee«, gab ich kurz angebunden zurück. »Dieser Typ ist erstens viel zu alt, zweitens geschieden und hat drittens Kinder. Nichts für mich.« Dann verschwand ich in meinem Zimmer, kroch ins Bett und griff nach meinem Teddy.

Hartnäckig saß mir die Angst in den Knochen, ich könnte Jean-Claude nicht gefallen haben. Möglicherweise war er nur so höflich gewesen, weil er ein Gentleman ist, ein Mann der alten Schule. Deshalb hatte er mir Blumen geschickt und nicht bereits am ersten Abend versucht, mich zu küssen. Vielleicht hatte ich ihn auch gelangweilt. Vielleicht war ich diesem Mann von Welt zu provinziell. Wahrscheinlich war ich mir trotz Tobias' Warnung ständig durch die Haare gefahren, so daß er mich für ein nervöses Schulmädchen halten mußte.

In den kommenden drei Wochen wartete ich ungeduldig auf Jean-Claudes Rückkehr. Als er eines Vormittags vom Flughafen aus anrief, war ich besoffen vor Verliebtheit und Glück.

»Ich will dich in meiner Nähe haben«, sagte Jean-Claude, als wir uns wieder in dem französischen Bistro gegenübersaßen. Später, in seiner Wohnung, legte er den Arm um meine Schultern und strich liebevoll eine Haarsträhne aus meinem Gesicht.

»Das wollte ich schon damals im Flugzeug tun. Du sahst so verletzlich aus, so anrührend.« Ich erschrak; womöglich ahnte Jean-Claude etwas von meiner Bulimie. Konnte er meinem Gesichtsausdruck ansehen, daß etwas mit mir nicht in Ordnung war?

»Anrührend und gleichzeitig voller Tiefe.« Zart streichelten Jean-Claudes Finger über meinen Nacken und meinen Rücken. Gleich würde er die Fettringe an meinen Hüften spüren. Er würde mich verachten.

Mit Gesten, die ich tausendmal in Filmen gesehen hatte, erwiderte ich die Zärtlichkeiten und entfernte mich dabei langsam aus Jean-Claudes Armen. Zurück blieb die Hülle einer Frau, die sich bemühte, geil und aufregend zu sein. Ich hätte glücklich sein sollen in jener Nacht. Doch in den vergangenen Jahren war Sex für mich zu einem Kampf um Macht geworden, zu einem Streit der Körper, in dem ich meine Empfindungen von mir abtrennte wie ein Stück tote Materie. Jetzt halfen mir selbst Paulas Ratschläge nicht mehr.

Wie mochten sich meine Berührungen auf seiner Haut

anfühlen, fragte ich mich noch, als Jean-Claude mich sanft ins Schlafzimmer zog.

Als Kunsthändler mußte Jean-Claude häufig zu Auktionen fahren, Vernissagen besuchten und in Museen gehen; immer häufiger begleitete ich ihn. An einem Sommernachmittag hatten wir eine Ausstellung des holländischen Malers Jan Vermeer im »Museum of Modern Art« gesehen. Donna, die ebenfalls mitgekommen war, suchte hinterher in der Museumsbuchhandlung nach einem neuerschienenen Buch über Modephotographie.

»Ihr Franzosen«, lächelte Donna süffisant, als sie sah, daß Jean-Claude in einem Bildband über Haute Couture blätterte. »Immer versucht ihr, uns Frauen zu Kunstwerken zu machen.«

Jean-Claude zog fragend seine rechte Augenbraue nach oben.

»Chauvinisten seid ihr. Wie der große Picasso.«

»Picasso verehrte die Frauen«, gab Jean-Claude zurück. »Da verwechselst du etwas.«

Donna ließ sich nicht beeindrucken. »Mode wird überwiegend von Männern für Frauen gemacht und liefert die Vorlagen, wie wir zu sein haben.«

»Stimmt«, pflichtete ich ihr bei.

»Und du hilfst, diesen Zirkus am Leben zu halten, wenn du dich als Model vor der Kamera verdingst«, entgegnete Jean-Claude kühl. »Findest du das nicht etwas doppelmoralisch?«

Donna schwieg einen Moment lang. »Meine Vorstellungen von der Modewelt haben sich ziemlich gewandelt«, sagte sie dann. »Schon als Kind wollte ich Photomodell werden. Ich habe dieses moderne Märchen geträumt, von dem Prinzen, der statt mit einem Schimmel mit einer Kamera in der Hand daherkommt, mich

154

mitnimmt und ins Glück führt.« Ihr Ton bekam jetzt etwas Zynisches. »Seit ich als Model arbeite, bin ich auf dem Boden der Realität gelandet. Mode ist ein beinhartes Geschäft.« Donna zögerte kurz. »Aber ich werde mir mein Studium noch auf diese Weise zu Ende finanzieren.«

»Das Seltsame ist doch«, versuchte ich das Thema in etwas andere Bahnen zu lenken, »daß die meisten Magazine vorgeben, zur Befreiung der Frau beizutragen. Dabei verbreiten sie ein absolut uniformes Schönheitsempfinden. Ich kenne viele Mädchen und Frauen, die diesen Idealen alle blind nacheifern und zu Opfern des Schönheitskultes werden. Der Wert der Frauen wird immer noch an ihrer Figur gemessen, nicht an ihrer Leistung oder ihren Charakterzügen.«

Jean-Claude sah mich unwirsch an; es mißfiel ihm, daß ich dem Gespräch weiteren Auftrieb gab.

Donna blickte unverwandt in Jean-Claudes Gesicht. In ihrer Stimme lag etwas Unbestimmtes, Drohendes; ich fragte mich, was an diesem Thema sie derart berührte. »Hast du eine Ahnung, wie viele Frauen Eßstörungen haben?« Ich biß mir auf die Lippen.

»Eßstörungen? Was soll ich darunter zu verstehen?« Jean-Claude legte sein Buch beiseite. Die Debatte war weit genug fortgeschritten, um ihm gründlich die Laune zu verderben. Er bemühte sich trotzdem, höflich zu bleiben.

»Magersucht, Freßsucht, Fettsucht.« Donna dozierte. Ich griff wahllos nach einem Buch. Hoffentlich ging sie nicht zu weit.

»Die Zahlen steigen rapide. Laut Statistik sind zwei von drei Mädchen in den amerikanischen Highschools mit ihren Körpern unzufrieden und hungern oder fressen aus Frust.«

»Es gibt eben keine Eßkultur in diesem Land«, entgegnete Jean-Claude.

»So einfach läßt sich das Thema nicht aus der Welt schaffen«, entgegnete Donna. Ich blätterte angestrengt in dem Bildband. »Selbst die Jungs an den Highschools sind immer häufiger unzufrieden mit ihrem Aussehen, weil sie dem neuen Körperkult nicht entsprechen, nicht braungebrannt, gesund, gut gelaunt und durchtrainiert sind.«

»So etwas hat ja wohl auch psychische Ursachen. Es erscheint mir etwas simpel, alle Schuld für derartige Störungen auf die Medien oder die Werbung abzuwälzen.« Jean-Claude wandte sich ab und wollte gehen. Donna lehnte an einem Bücherregal und rührte sich nicht. Ich wußte nicht, auf wessen Seite ich mich schlagen sollte.

Dann drehte Jean-Claude sich noch einmal zu Donna um.

»Warum schimpfst du so vehement gegen das, was dir dein Leben finanziert?« sagte er versöhnlich. »Sei froh, daß du schön bist. Warum genießt du es nicht, daß man dich bewundert?« Ich fragte mich, ob Jean-Claude nicht verstehen konnte oder ob er nicht verstehen wollte. Seine Sturheit fing an, mich zu ärgern. Er verhielt sich richtiggehend arrogant und chauvinistisch.

»Donna hat recht. Das Problem läßt sich nicht so einfach wegwischen.« Es war das erste Mal, daß ich Jean-Claude in Gegenwart anderer widersprach. »Ich habe neulich von einer Untersuchung gelesen: Mehrere Frauen wurde gefragt, was sie am reizvollsten fänden: eine berufliche Karriere zu starten, eine glückliche Partnerschaft aufzubauen oder 15 Pfund abzunehmen. Die meisten entschieden sich fürs Abnehmen. Als wäre eine schlanke Figur der Garant dafür, daß das andere schon von selbst kommt.«

»Ich habe dich nie gebeten abzunehmen.« Jean-Claude sah mich an. Es war unmöglich zu erkennen, wie sehr ihn mein Widerspruch herausforderte; sein Gesicht blieb verschlossen.

»Nein, das hast du nicht«, räumte ich ein. »Aber solange das Bild der schlanken, schönen Erfolgsfrau weiter propagiert wird, werden sich junge Mädchen daran orientieren. Weil schlank zu sein wie ein Glücksversprechen erscheint.«

»Ich kann mir ja vorstellen, daß junge Mädchen angesichts der Nachrichtenschwemme unserer Tage manchmal Schwierigkeiten haben, zwischen einer Information und einer fixen Idee zu unterscheiden.« Jean-Claudes Ton wurde väterlich. »Aber erwachsene Frauen sind dazu doch in der Lage.« Dann wandte er sich dem Ausgang zu. »Laßt uns gehen.«

Draußen winkte Donna nach einem Taxi und verschwand. Jean-Claude und ich gingen zu Fuß zurück zu seiner Wohnung.

Ich saß in Paulas Praxis und war nervös. Am Vorabend hatte ich erneut eine Auseinandersetzung mit Jean-Claude gehabt. Ähnlich wie bei dem Gespräch mit Donna vor einigen Wochen war es diesmal um die Darstellung von Frauen in der Malerei gegangen. Jean-Claude hatte auf ein Bild von Rubens verwiesen und argumentiert, im Kampf zwischen den Geschlechtern seien beide Seiten gleichgestellt. Ich hatte seine These nicht widerlegen können. Mir schien, daß sowohl in der Malerei als auch in der modernen Presse Frauen zu Opfern eines männlichen Wunschdenkens gemacht wurden, und, als sei das nicht genug, auf eine Art und Weise dargestellt wurden, daß man den Eindruck bekam, sie genössen ihre Erniedrigung.

»Ich vermisse eine bestimmte Reibung zwischen Jean-Claude und mir«, beklagte ich mich bei Paula. »Wir können keine Diskussionen führen, in denen jeder gleichberechtigt seine Meinung vertritt. Er will mich in einer bestimmten Rolle sehen. Es gefällt ihm nicht, wenn ich eine eigene Meinung habe und die auch vertrete.« Ich zögerte. »Ich glaube, ich fühle mich geschmeichelt, daß Jean-Claude sich für mich interessiert. Aber ich liebe ihn nicht.«

Paula hörte zu, ohne eine Regung zu zeigen, die mir verriet, was sie dachte.

»Er streitet nie *wirklich* mit mir. Er akzeptiert die Dinge, wie sie sind, ohne groß an ihnen zu rühren oder sich gar mit Meinungen auseinanderzusetzen, die seiner widersprechen.«

»Vielleicht ist es für ihn einfach schwierig zu verstehen, warum du darauf beharrst, daß Frauen in der Kunst und in den Medien als Opfer dargestellt werden. Schließlich sagt das auch etwas über dein Bild von dir selbst aus. Du siehst dich ja ebenfalls als Opfer, der Macht der Männer mehr oder weniger ausgeliefert.«

Ich fühlte, wie sich in meinem Körper die gleiche Sehnsucht ausbreitete, die ich bei meinem ersten Rendezvous mit Jean-Claude empfunden hatte.

»Ich bin gerne bei Jean-Claude; seine Stärke und Sanftheit tun mir gut. Und ich würde seinen Komplimenten auch gerne glauben. Etwas in mir sehnt sich regelrecht danach, mich für ihn hübsch zu machen. Ich möchte ihm meine Schönheit schenken.« Ich verstummte. Im nächsten Moment wischte ich diesen Gedanken beiseite. »Wenn ich das jemandem erzähle, lacht er mich aus. Das paßt wirklich nicht zum Bild einer Frau von heute, solche Einstellungen sind hoffnungslos antiquiert.«

»Dein Gesicht und dein Tonfall sagen etwas anderes«,

unterbrach Paula mich. Ich schwieg. »Du schaffst dir Konflikte«, fuhr Paula nach einer Weile fort. »Nur wenn du dich mit Haut und Haaren in eine Auseinandersetzung, in einen Kampf hineinstürzen kannst, spürst du dich. Eine solche Dynamik ist sehr beschränkend. Du blockierst dich selbst.« Mit wenigen Worten beschrieb Paula treffend ein grundlegendes meiner Probleme.

»Wenn ich einfach vor mich hinlebe, habe ich doch nichts verdient. Ich bin so aufgewachsen. Bei uns zu Hause galt die Devise, wenn man im Leben zu etwas kommen will, muß man es sich erarbeiten. Man konnte nie herumsitzen und einfach einmal das Leben nur genießen.«

»Für deine Eltern mag das zutreffen. Aber du hast diese Vorgaben derart verinnerlicht, daß du davon ausgehst, ebenfalls um alles kämpfen und streiten und ringen zu müssen. Du kämpfst sogar in Situationen, in denen es gar nicht nötig ist.«

Nachdenklich sah ich Paula an. Was sie sagte, erklärte meinen Wunsch nach Reibung und Auseinandersetzung mit Jean-Claude; es gab aber auch den jahrelangen Kämpfen gegen meinen vermeintlich ungenügenden Körper eine völlig neue Dimension. Wenn ich hungerte, verdiente ich mir einen schlanken Körper; ohne Reibung und Mühe keine Existenzberechtigung. Da wurde das Hungern zur Zwangsphilosophie.

Ich saß im Central Park und sah einem Farbigen zu, der scheinbar mühelos mit eleganten Bewegungen auf seinen Rollerblades über einen geteerten Weg glitt. Heilung, hatte Paula gesagt, bedeute zu erkennen, wonach die Seele hungerte, und zu erkennen, womit sie tatsächlich gesättigt werden konnte. Bislang war ich in Momenten der Traurigkeit, der Leere, der Einsamkeit oder Überforderung zum Kühlschrank gegangen. Wenn Angst an meiner Seele nagte, hatte ich gefressen. Ich hatte meine Gefühle geschluckt und aufgelöst und eingekleistert in dem halbzerkauten Brei, den ich anschließend wieder herauswürgte, mit dem ich meine aufgefressenen Ängste ausspuckte und in die Kanalisation hinabspülte. Essen war eine Scheinbefriedigung gewesen, der ich mich hingegeben hatte. Eine Selbstblockade. Essen war zu einem Sinnbild geworden für alles, was mir fehlte. Für Liebe, Anerkennung, Selbstsicherheit.

Andere Menschen finden andere Wege, um sich vor Gefühlen zu schützen, die ihnen nicht geheuer sind und mit denen sie nicht umgehen können. Sie lenken sich ab, verdrängen, trinken, spielen, nehmen irgendwelche Drogen. Ich hatte halt gegessen. Essen war zur Sprache geworden, in der ich meinen seelischen Notstand in die Welt geschrien hatte. Eine Grammatik des Kalorienzählens, eine Semantik der Körperverneinung.

Indem ich diese Zusammenhänge endlich begriff, fiel Licht in mein Leben. Meine beiden Ichs, das öffentliche und das verschreckte, vermeintlich unzulängliche hinter der perfekten Fassade, näherten sich einander an. Das große Loch, mit dem ich lebte, begann, sich zu füllen. Es füllte sich mit dem Wissen um *meine* Persönlichkeit und mit der Ahnung von einer Zukunft als ganzer, als geheilter Mensch.

Doch ich mußte lernen, mich in der Sprache der gesunden Menschen auszudrücken. Ich brauchte Freunde, die das übernahmen, was bisher das Essen erledigt hatte, Menschen, mit denen ich mich über meine Befindlichkeiten austauschen konnte. Ich brauchte Beziehungen, die meinem Leben eine zuverlässige Basis gaben. Bislang hatte ich nur meinem ›Stoff‹ vertraut. Er widersprach nie, brachte mich nicht in komplizierte Situationen, in denen ich nicht weiterwußte. Essen hatte keine eigene Meinung, die es möglicherweise sogar gegen mich durchzusetzen versuchte. Essen kannte keine Widerworte. Essen würde mich niemals enttäuschen. Essen – das war die einzige Liebesbeziehung gewesen, die ich mir in meinem Leben gestattet hatte.

Aus Büchern, die ich gelesen hatte, wußte ich inzwischen, daß man Eßsüchtige je nach Krankheits- beziehungsweise Heilungsstadium in »Hungrige«, »Saubere« und »Klare« unterteilte. Hungrige Bulimikerinnen waren vom Symptom noch nicht losgekommen, saubere lebten symptomfrei und klare waren symptomfrei *und* bejahten das Leben. Ich war jetzt ›sauber‹. Bis zu einer endgültigen Heilung lag noch ein langer Weg vor mir, mußte ich noch viel lernen und auch mit weiteren Rückschlägen rechnen; vor Tiefschlägen wäre ich nie ganz sicher. Doch eines Tages würde ich ›klar‹ sein.

Der farbige Rollerbladefahrer glitt an mir vorbei, übersprang leichtfüßig einen Stapel Reisig, der sich auf dem Weg türmte, und verschwand hinter einer Kurve.

Aufbruch

Nach den Stürmen der letzten Nacht lag am Morgen eine versöhnliche Ruhe über der Stadt. Der Wind hatte die Bäume gerupft wie Hühner. Bunte Blätter bedeckten den Asphalt. Die Menschen liefen auf einem weichen, rotgelben Tupfenteppich durch die Straßen von Paris.

Jean-Claude war früh aufgestanden und hatte leise die Wohnung verlassen. Ich kochte mir einen Kaffee, nahm ein Croissant aus der Tüte auf dem Küchentisch und kroch zurück in das warme Bett. An der Wand lehnte noch immer die Graphik, die Jean-Claude mir geschenkt hatte, und mit deren Bild im Gedächtnis ich am Abend zuvor eingeschlafen war.

Später rief ich Paula in New York an. Sie schien nicht erstaunt zu sein, als ich ihr von den bulimischen Rückfällen erzählte, die ich in den vergangenen Wochen durchlebt hatte, und schlug mir einen Termin für Anfang November vor.

»Nein, du bist noch nicht geheilt«, sagte sie, als würde sie meine Befürchtungen durch die transatlantische Leitung hindurch spüren.

Am Nachmittag buchte ich einen Flug und kaufte ein Zugticket; bevor ich nach New York zurückkehrte, wollte ich einen Abstecher nach Österreich machen. Anschließend meldete ich mich von meinem Sprachkurs ab und machte verschiedene Besorgungen. Abends aß ich zwei Torten und übergab mich. Mit Jean-Claude würde ich am Wochenende sprechen. Ich hatte beschlossen, ihn erst nach der Eröffnung seiner neuen Ausstellung von meinen Reiseplänen zu erzählen; ich wollte ihn nicht unnötig aufregen.

Vier Wochen später war ich auf dem Weg nach Graz.

»Auch Vati kann es kaum erwarten, dich wiederzusehen.« Wie ein Echo mischte sich die Stimme meiner Mutter in das gleichmäßige Fahrtgeräusch des Zuges. Sämtliche Waggons waren schon voll gewesen, als ich am Gare de l'Est zustieg. Die ersten zwei Stunden hatte ich stehend auf dem Gang verbracht. In Nancy war schließlich ein junger Soldat ausgestiegen und hatte mir seinen Platz überlassen. Im Abteil lief die Heizung auf vollen Touren. Zwei alte Damen klagten über ihr Rheuma. Die Luft war dick und stickig. Da sämtliche Gepäckfächer belegt waren, hatte ich meine Reisetasche auf den Boden zwischen meinen Beinen gestellt. Im Arm hielt ich eine Schachtel Schokoladentrüffel, ein Geschenk für meine Mutter. Von Zeit zu Zeit krampfte sich mein Magen zusammen.

Ich sah aus dem Fenster, auf eine Landschaft, die angesichts des Tempos zu grauem Gleichmaß verschwamm. Optisch unterschiedslos flossen abgeerntete Felder, kahle Wiesen und Wälder ineinander. Wie die Etappen meiner bulimischen Karriere kamen sie mir vor. Auch sie fügten sich nach immer gleichem Muster zu einer endlosen Kette zusammen. Essen, erbrechen, hoffen, fürchten.

Ich dachte an Kathrin, der ich während meiner ersten Therapie in Salzburg begegnet war. Ob sie inzwischen von ihrer Tablettensucht geheilt war? Und was wohl Irina machte? Mit einer Spur von Ironie und Selbstmitleid erinnerte ich mich daran, wie ich selbst die Klinik verlassen hatte, in der sicheren Überzeugung, geheilt zu sein. Was für ein Trugschluß.

Die Therapie bei Paula hatte mich auch noch nicht endgültig aus dem Auf und Ab zwischen Hoffnung und Enttäuschung, zwischen Zuversicht und Mutlosigkeit befreit. Trotz aller Fortschritte, die ich zweifelsohne vorweisen konnte, war ich immer noch nicht in der Lage, meine Probleme und Konflikte stets auf konstruktive Weise zu bewältigen: Erwartungsvoll war ich nach Paris gereist, um mein Leben mit Jean-Claude zu teilen. Als der Alltag anders verlief als erwartet, hatte ich meine Enttäuschung mit Essen bekämpft.

Der Zug erreichte Straßburg. Ein Magenkrampf riß mich aus meinen Gedanken. Reglos saß ich auf dem Sitz, leicht vorgebeugt, die Arme um den Leib geschlungen, bis der Schmerz nachließ.

Ich hatte Angst vor dem Wiedersehen mit meinen Eltern; unser letztes Treffen hatte für mich in einer Freßorgie geendet. Wir liebten uns; doch wir waren nicht in der Lage, offen und sachlich miteinander zu reden. So vieles zwischen uns lief subtil ab, ließ sich nicht fassen, war Vorwurf, nicht Frage, unterschwellige Erwartung statt freier Entscheidung. Jede Familie hat ihre eigenen, meist unausgesprochenen psychologischen Regeln, nach denen sie funktioniert wie ein gut geöltes Räderwerk, hatte Paula mir einmal erklärt. Jeder Beteiligte kennt seine Rolle. Doch ich hatte mich verändert. Ich war nicht mehr in der Lage, meinen alten Part weiterzuspielen. Allerdings konnte ich dem bröckelnden alten Ich noch kein in sich gefestigtes neues entgegensetzten. Das falsche Bild der gewandten jungen Frau hatte massive Risse davongetragen; nun war ich eine verwirrte junge Frau, die wenig wußte. Ich mochte meinen Eltern nicht derart schutzlos begegnen; wie sollte ich mich verhalten?

Als der Zug die Grenze nach Deutschland passierte,

164

nickte ich ein. Erst kurz vor Graz wachte ich wieder auf. Mein Blutdruck war sozusagen ›im Keller‹. Bei der Einfahrt in den Bahnhof hatte ich Mühe, mich auf den Beinen zu halten. Die Reisenden um mich herum schienen zu tanzen, ihre aufgeregten Stimmen klangen wie verzerrte Fetzen, die aus kaputten Telefonleitungen tönten. Ich angelte nach meinem Koffer, taumelte den Gang entlang, mehr von den anderen geschoben als selbständig gehend. Das letzte, was ich mitbekam, war, daß ich nach der schweren Türklinke griff, um mich festzuhalten. Dann erfüllten eine sanfte Wärme und ein spiralförmiger Nebel meinen Kopf.

Als ich wieder zu mir kam, lag ich auf dem Bahnsteig. Köpfe über meinem Gesicht. Beine um mich herum. »Ein Notarzt, schnell!« rief von weitem eine Stimme. Im nächsten Augenblick glitt ich zurück in die wohlige Sicherheit der Ohnmacht.

Später, im Krankenhaus, fragte mich ein junger Pfleger, ob ich schwanger sei.

»Wenn's einer jungen Frau die Beine wegzieht, ist es halt meist passiert«, versuchte er zu scherzen. Dann verschwand er. Ich sah mich um. Ich lag auf einer Trage in einem kahlen Raum, der schon bessere Zeiten erlebt hatte. Der grüngraue Putz an den Wänden blätterte ab. Ich versuchte, mich zu orientieren. Mein Kopf schmerzte, mein Magen ebenfalls, und in meiner Brust hämmerte eine Faust von innen gegen die Rippen. Ich zitterte. Eine Schwester kam, in der Hand hielt sie eine Infusionsflasche. Sie fand meine Venen kaum.

Die Tür ging auf, und meine Eltern stürzten herein. Jana, die mich eigentlich am Bahnhof abholen wollte, hatte sie informiert. Ich versuchte, mich aufzurichten. Meine hilflose Lage war mir unangenehm. Im selben

Moment erschien der behandelnde Arzt. Sanft drückte er mich zurück auf die Trage.

»Sie werden eine Weile ruhig liegen müssen«, sagte er und sah mich an. Dann wandte er sich an meine Eltern.

»Ihre Tochter hatte einen leichten Herzanfall. Außerdem besteht der Verdacht auf ein Magengeschwür und eine Nierenschwäche. Doch um Genaueres sagen zu können, müssen wir erst die weiteren Untersuchungen und Laborbefunde abwarten.«

Mein Vater faßte sich als erster. »Einen Herzanfall?« Ungläubig sah er abwechselnd den Arzt und mich an.

»Ja. Eine leichte Form, eine Vorwarnung sozusagen.«

Der Arzt wandte sich nun mir zu und sah mich mit ernster Miene an. »Haben Sie nie entsprechende Symptome an sich bemerkt?« Seine rechte Augenbraue verzog sich zu einem spitzen Bogen, wie ein auf den Kopf gestelltes V.

»Nein.« Meine Stimme klang matt. »Manchmal hatte ich Magenschmerzen, aber dabei habe ich mir nichts Schlimmes gedacht.« Ich war zu erschöpft, um mir der vollen Tragweite dieser Diagnose klarzuwerden. Durch einen dicken Schleier hindurch bekam ich mit, wie meine Eltern mit dem Arzt den Raum verließen. Dann schlief ich wieder ein.

Es dauerte einige Tage, bis ich wieder bei Kräften war und die angekündigten Untersuchungen stattfinden konnten; die Ergebnisse lasen sich wie der TÜV-Bericht eines Schrottautos: Neben einem chronischen Magengeschwür diagnostizierten die Mediziner eine Nierenschwäche, einen Blasenkatarrh, einen gestörten Elektrolythaushalt sowie einen Haltungsschaden, der daher rührte, daß ich seit Jahren ausschließlich Schuhe mit hohen Absätzen trug. Die Krankenhausärzte präsentierten mir die Quittung für den jahrelangen Raubbau, den ich an meinem Körper betrieben hatte. Die bulimischen Rückfälle in Paris hatten ausgereicht, meinen Körper erneut an seine Grenzen zu führen; die chronischen Schäden waren Langzeitschäden, die bislang nur noch nicht festgestellt worden waren.

In der Hoffnung, die Ärzte hätten sich bei ihrem drastischen Befund getäuscht, suchte ich nach meiner Entlassung einen Heilpraktiker auf, den meine Eltern stets zu Rate zogen, und der mich bereits seit meiner Jugend kannte.

Er erstellte eine ähnliche Bilanz: »Ich muß dir sagen: Körperlich stehst du auf der Kippe. Wenn du so weitermachst, wird es lebensgefährlich.« Dann begann er ein langes Gespräch über meine Bulimie und mein Leben. Zum Schluß beschwor er mich eindringlich: »Du mußt nicht nur deine Psyche heilen, sondern auch deinen Körper.«

Ich war verunsichert. Bislang hatte ich auf Paula vertraut, die sagte, daß mein Hunger verschwinden würde, wenn ich mich mit seinen seelischen Ursachen auseinandersetzte und bestimmte neue Verhaltensmuster trainierte. Nun überzeugte mich dieser Naturheilkundler davon, daß mein Heißhunger eine physiologische Folge von Unterernährung war. Ähnliches hatte Paula zwar auch anklingen lassen, aber weniger deutlich. Welchem dieser beiden Heilungskonzepte sollte ich den Vorrang geben?

»Paulas und meine Überlegungen widersprechen einander nicht. Sie hilft dir, deine Psyche zu heilen und dein Leben in den Griff zu bekommen. Darüber hinaus solltest du dir in New York aber jemanden suchen, der dir hilft, deinen Körper wieder gründlich aufzupäppeln. Du hast ihm zu lange zu hart zugesetzt. Es reicht nicht, wenn du nur wieder regelmäßiger ißt.«

Und dann sagte der Heilpraktiker einen Satz, der zunächst sehr paradox klang: »Mach nicht die Bulimie zum Inhalt deiner Therapie, sondern dein Leben!«

Es dauerte eine Weile, bis ich verstand, was er mir damit sagen wollte. Meine Krankheit war Ausdruck eines ungestillten Bedürfnisses. Sie zwang mich sozusagen dazu, mich selbst kennen- und verstehenzulernen. Mit Paulas Unterstützung hatte ich in dieser Hinsicht bereits große Fortschritte gemacht, auch wenn ich noch nicht gänzlich symptomfrei war. Wenn es mir gelänge, Freßanfälle künftig als Warnsignal und nicht als entmutigenden Rückschlag oder ein erneutes Versagen zu verstehen, dann wäre ich in meinem Heilungsprozeß schon sehr weit.

Jedes Hungergefühl war sozusagen eine Botschaft von mir an mich. Ich machte mich selbst auf einen inneren Notstand aufmerksam. Zu essen war der einzige mir vertraute Weg, meine Gefühle auszudrücken. Auch wenn ich kurzfristig auf dieses Mittel zurückgriff, hatte ich doch inzwischen die Möglichkeit, die Rollen zu vertauschen. War ich früher kraftlos und passiv der Sucht erlegen, konnte ich fortan die Geschicke in meine Hände nehmen und mich fragen: Wonach schreit es in mir? Was engt mich ein? Was fühle ich wirklich? Ich war kein Opfer mehr.

Bis zur endgültigen Heilung würde ich noch viel lernen müssen und vor Rückschlägen wäre ich zu keiner Zeit sicher. Doch wenn ich ohne falsche Rücksichtnahme auf die Bedürfnisse und Wünsche anderer ehrlich zur mir selber stand, wenn ich für meine Belange eintrat und mich selbst behauptete, würde ich meine alte perfekte Fassade ablegen können. Sie wäre gänzlich überflüssig. Im Wissen um meinen Wert wäre ich nicht mehr abhängig von der Bewunderung anderer; ich bräuchte ihre

Bestätigung und Komplimente über (m)einen schlanken Körper nicht mehr. Ich wäre frei.

An diesem Punkt begann meine Bulimie, großen Sinn zu machen. Glücklich und zuversichtlich verließ ich die Praxis und ging durch die Straßen meiner Heimatstadt. Ich wußte: Am Ende würde ich gewinnen.

Ich spazierte zu der Straße, in der meine Zwillingsschwester Jana jetzt wohnte. Sie war inzwischen Mutter geworden. Ihre kleine Tochter Lena krabbelte über den Teppich im Wohnzimmer und sah mich mit großen Augen an. Jana stellte Kaffeetassen, eine Schale Sahne und einen selbstgebackenen Streuselkuchen auf den Tisch.

»Ich gehe davon aus, daß du den Kuchen nicht lange bei dir behältst – aber trotzdem.« Jana sah mich an. Ein Gefühl jahrelanger Vertrautheit lag in ihrem Lächeln. »Ich wollte dir eine Freude machen.«

Schweigend umarmten wir uns.

Nachwort

Zwölf Jahre litt ich unter einer Eßstörung. Doch Eßstörungen sind heilbar. Bulimie ist heilbar. Das möchte ich anderen betroffenen Frauen mit diesem Buch vermitteln. Ich möchte ihnen Mut zusprechen: Es gibt Hoffnung und einen Weg aus der Sucht heraus, sobald wir unser Leben selbst in unsere Hände nehmen. Wir können uns von Opfern zu selbstbestimmt lebenden Frauen emanzipieren. Ich habe es erleben und erfahren dürfen.

Heute wohne ich in New York, bin gesund, glücklich mit einem neuen Lebensgefährten und versuche, mich als Journalistin zu etablieren. Das Essen ist noch immer ein Thema in meinem Leben, aber ich habe gelernt, meine Sucht zu akzeptieren, die Signale meines Körpers und meiner Seele wahrzunehmen und zu beachten. Ich stecke nicht mehr in diesem Gefängnis, das ich mir selbst errichtet und in dem ich jahrelang verharrt habe.

Beruflich setze ich mich immer wieder mit dem Phänomen auseinander: Eßstörungen sind nicht nur banale Modeerscheinungen einer Leistungsgesellschaft, sozusagen ein Preis, den die erfolgreichen Menschen der Neuzeit eben zahlen müssen. Die Ursachen sind komplex, sie wurzeln in der eigenen Biographie, in gesellschaftlichen Strömungen, Schönheitsidealen und Körperkulten. Bulimie, Magersucht und Fettsucht auch vor einem historischen Hintergrund zu betrachten, kann uns einiges zeigen über die Gesellschaft, in der wir leben. In beinahe jeder Zeit wurden Frauen an bestimmten Idealen gemessen, wurden besondere Maßstäbe an ihre ›Schönheit‹ angelegt. In diesem Sinne ist meine Geschichte auch die einer jungen Frau am Ende des 20. Jahrhunderts.

Doch selbst die hartnäckigsten Versuche, die Schuldfrage zu klären, bringen noch keine Heilung. Entscheidend ist der Wille, Verantwortung für das eigene Leben zu übernehmen und mündig zu werden.

›Wer oder was hat schuld an meiner Bulimie?‹ fragte ich Paula einmal während einer Therapiesitzung. Ihre Antwort schien mir damals hart: ›Eine Menge Faktoren haben dazu beigetragen, daß du eine Eßstörung bekommen hast. Doch bei allem, was du inzwischen über Bulimie weißt, bist du heute selbst an deinen Freßanfällen schuld. Weil du dich weigerst, die Verantwortung für dich zu übernehmen. Weil du eine Krankheit vorschiebst und dich bequem in der Opferrolle einrichtest, ganz nach dem Motto: Ich kann ja nichts dafür, ich bin doch krank.‹

Heute weiß ich, daß Paula recht hatte.

Später lernte ich loszulassen. Irgendwann war es nicht mehr wichtig herauszufinden, wer an meiner Eßsucht schuld hatte. In diesem Wandel lag ein Gefühl großer Erlösung. Ich konnte verzeihen. Meinen Eltern beispielsweise, denen ich an dieser Stelle danken möchte. Sie respektierten, daß es für mich wichtig war, ein Buch über meine Bulimie zu schreiben. Ein Buch, das Einblicke in unser Familienleben gewährt, aber möglicherweise anderen Menschen helfen kann zu verstehen, in welchen Strukturen psychische und physische Abhängigkeiten gedeihen.

Heilung bedeutet nicht zuletzt, sich zu versöhnen: mit der Vergangenheit, die nun einmal so war, wie sie war, auch wenn sie nicht immer den Wünschen und Hoffnungen entsprach, die man damals hegte. Sie nicht abschütteln zu wollen wie lästigen Ballast, sondern sie zu akzeptieren als Bestandteil der eigenen Biographie. Versöhnen auch mit der Familie, die nun einmal diejenige ist, in die man hineingeboren wurde und die einen geprägt hat. Und mit dem eigenen Leben – das man von nun an selbst in der Hand hat.

ERFAHRUNGEN

Katja Maria Werker
*Wo keine Worte sind,
da ist Musik*

Eine junge
Sängerin
bewältigt
ihre
Vergangenheit

Geborgenheit und Vertrauen waren in Katja Maria Werkers
Kindheit ein Fremdwort. Ihre Jugend war geprägt von
Alkohol, Gewalt und Lieblosigkeit. Schon als Kind zieht
sie sich völlig in sich selbst zurück, um zu überleben. Ihr
erster Versuch auf eigenen Beinen zu stehen scheitert, sie
wird alkoholabhängig und verliert ihre Wohnung. Ihr einziges Kapital sind ihre Gitarre und ihre Stimme. Doch
eines Tages geschieht ein kleines Wunder: Sie wird von
einem Talentscout entdeckt ...
Katja Maria Werkers erste CD *Contact Myself* erschien im
Herbst 2000 und begeisterte auf Anhieb ein großes Publikum. Ihre zweite CD kommt im Herbst 2002 heraus.

ISBN 3-404-61488-7

BASTEI
LÜBBE

Als Truddi Chase zum ersten Mal in ihrem Leben einen Psychotherapeuten aufsucht, diagnostiziert er bei ihr eine multiple Persönlichkeit: Ihre eigene Person war erstarrt und an ihre Stelle war eine Vielzahl von Persönlichkeiten getreten, die in ihrem Körper lebten und sie nach außen hin vertraten und verteidigten.

Truddi Chase war sich dieses Zustandes nicht bewusst. Sie erinnerte sich auch nicht an den Grund, warum sie eine multiple Persönlichkeit entwickelt hatte: Seit ihrer frühesten Jugend war sie von ihrem Stiefvater sexuell missbraucht worden!

Wer dieses Buch einmal gelesen hat, wird es nie wieder vergessen!

ISBN 3-404-61498-4

BASTEI LÜBBE

ERFAHRUNGEN

Béatrice Saubin

Dieser Hunger
nach Leben

Béatrice, 20, in Malaysia
unschuldig zum Tode verurteilt

In einem kleinen französischen Provinznest geboren, von
der Mutter abgeschoben, von der Großmutter eingeengt,
spürt Béatrice den Drang, aus dieser Welt auszubrechen.
Ihre abenteuerlichen Reisen durch Asien enden vor Ge-
richt. Sie war zum Werkzeug professioneller Drogen-
schmuggler geworden. Das Urteil: Tod durch Erhängen.
Zehn Jahre verbringt Béatrice unschuldig in den Gefäng-
nissen Malaysias.

ISBN 3-404-61501-8

BASTEI
LÜBBE

Suzannes Vater tyrannisierte im Rausch fast täglich seine Frau und seine vier Kinder. Nächtliche Wutanfälle und Prügeleien waren die Regel. Doch nach außen hielten sie die Fassade der glücklichen Familie aufrecht.

Jetzt bricht Suzanne das Schweigen und erzählt ihre schrecklichen Erlebnisse.

ISBN 3-404-61506-9

BASTEI
LÜBBE